INTELIGÊNCIA ARTIFICIAL E FUNDAMENTAÇÃO

LIMITES E POSSIBILIDADES ÀS DECISÕES ADMINISTRATIVAS E JUDICIAIS NO BRASIL

ALAN JOSÉ DE OLIVEIRA TEIXEIRA

José Sérgio Cristóvam
Prefácio

Daniel Ferreira
Apresentação

INTELIGÊNCIA ARTIFICIAL E FUNDAMENTAÇÃO

LIMITES E POSSIBILIDADES ÀS DECISÕES ADMINISTRATIVAS E JUDICIAIS NO BRASIL

Belo Horizonte

2022

© 2022 Editora Fórum Ltda.

É proibida a reprodução total ou parcial desta obra, por qualquer meio eletrônico, inclusive por processos xerográficos, sem autorização expressa do Editor.

Conselho Editorial

Adilson Abreu Dallari
Alécia Paolucci Nogueira Bicalho
Alexandre Coutinho Pagliarini
André Ramos Tavares
Carlos Ayres Britto
Carlos Mário da Silva Velloso
Cármen Lúcia Antunes Rocha
Cesar Augusto Guimarães Pereira
Clovis Beznos
Cristiana Fortini
Dinorá Adelaide Musetti Grotti
Diogo de Figueiredo Moreira Neto (*in memoriam*)
Egon Bockmann Moreira
Emerson Gabardo
Fabrício Motta
Fernando Rossi
Flávio Henrique Unes Pereira

Floriano de Azevedo Marques Neto
Gustavo Justino de Oliveira
Inês Virgínia Prado Soares
Jorge Ulisses Jacoby Fernandes
Juarez Freitas
Luciano Ferraz
Lúcio Delfino
Marcia Carla Pereira Ribeiro
Márcio Cammarosano
Marcos Ehrhardt Jr.
Maria Sylvia Zanella Di Pietro
Ney José de Freitas
Oswaldo Othon de Pontes Saraiva Filho
Paulo Modesto
Romeu Felipe Bacellar Filho
Sérgio Guerra
Walber de Moura Agra

FÓRUM
CONHECIMENTO JURÍDICO

Luís Cláudio Rodrigues Ferreira
Presidente e Editor

Coordenação editorial: Leonardo Eustáquio Siqueira Araújo
Aline Sobreira de Oliveira

Rua Paulo Ribeiro Bastos, 211 – Jardim Atlântico – CEP 31710-430
Belo Horizonte – Minas Gerais – Tel.: (31) 2121.4900
www.editoraforum.com.br – editoraforum@editoraforum.com.br

Técnica. Empenho. Zelo. Esses foram alguns dos cuidados aplicados na edição desta obra. No entanto, podem ocorrer erros de impressão, digitação ou mesmo restar alguma dúvida conceitual. Caso se constate algo assim, solicitamos a gentileza de nos comunicar através do *e-mail* editorial@editoraforum.com.br para que possamos esclarecer, no que couber. A sua contribuição é muito importante para mantermos a excelência editorial. A Editora Fórum agradece a sua contribuição.

Dados Internacionais de Catalogação na Publicação (CIP) de acordo com ISBD

T266i	Teixeira, Alan José de Oliveira
	    Inteligência artificial e fundamentação: limites e possibilidades às decisões administrativas e judiciais no Brasil / Alan José de Oliveira Teixeira. - Belo Horizonte : Fórum, 2022.
	
	    178 p. ; 14,5cm x 21,5cm.
	
	    ISBN: 978-65-5518-414-3
	
	    1. Direito. 2. Direito Administrativo. 3. Direito Processual Civil. 4. Direito Público. 5. Ciências Sociais Aplicadas. 6. Tecnologia. 7. Sociedade. I. Título.

2022-1619	CDD 341.3 CDU 342.9

Elaborado por Vagner Rodolfo da Silva - CRB-8/9410

Informação bibliográfica deste livro, conforme a NBR 6023:2018 da Associação Brasileira de Normas Técnicas (ABNT):

TEIXEIRA, Alan José de Oliveira. *Inteligência artificial e fundamentação*: limites e possibilidades às decisões administrativas e judiciais no Brasil. Belo Horizonte: Fórum, 2022. 178 p. ISBN 978-65-5518-414-3.

Dedico o presente trabalho aos meus pais,
ESTELA e JOSÉ.

Se pudesse, dar-lhes-ia o mundo.

AGRADECIMENTOS

Em primeiro lugar, preciso agradecer a vida em meio à pandemia do coronavírus (Sars-CoV-2). Vi pessoas próximas sucumbirem à doença, especialmente sem a oportunidade de serem imunizadas apropriadamente, mesmo já existindo vacina. Que a revolta se transforme em fôlego para lutar por um futuro melhor. Não sei exatamente a quem agradecer, porque imagino que o esforço pela vida tenha sido coletivo, inexistindo apenas um nome elegível.

De toda sorte, registro minha gratidão àqueles que trabalharam arduamente por um imunizante eficaz, apesar do negacionismo "de ocasião" de alguns e das tentativas de boicote ao desenvolvimento científico responsável. Tenho fé que a empatia e a prática da alteridade tornarão o mundo mais justo. A pandemia nos mostrou que não somos "ilhas", e estamos submetidos a constantes riscos na sociedade global. Estamos conectados. Para eu estar bem, o outro também precisa estar.

Particularmente, há muitas pessoas a quem agradecer. Ninguém faz nada sozinho e sem condições e, principalmente, se ausentes as oportunidades necessárias. Corro o risco de ser omisso, não refletir ou sopesar o suficiente para homenagear os merecedores de registro nestas páginas, mas o pecado será maior se não o fizer e a oportunidade de agradecer se esvair.

Agradeço inicialmente à pessoa do Prof. Dr. Daniel Ferreira, meu orientador, sobre quem tenho profunda admiração como administrativista, docente, pesquisador e advogado. Sou grato especialmente pela paciência e assertividade, inclusive na inspiração do objeto de pesquisa da dissertação de mestrado, cujos resultados agora se transformam em livro.

À minha família, que foi suporte durante toda a jornada. Apesar dos infortúnios e em meio à crise sanitária, temos vida a celebrar. Nada mais simbólico para se iniciar novos ciclos. Agradeço nas pessoas de Estela e José, meus pais; nas pessoas de Gleisemara e

Igor, meus irmãos; e nas pessoas de Helena e Júlia, minhas amadas sobrinhas.

  Agradeço às amigas Rebeca e Thayná, por todo o carinho em que pese o distanciamento físico/social decorrente das medidas de enfrentamento ao vírus. Certamente a amizade foi fundamental nos momentos de insegurança e dúvida, especialmente em relação ao futuro. Agradeço às amigas Giovanna e Nathalia, colegas de profissão e futuras juízas no Paraná, por todo o auxílio não apenas jurídico, mas pelo compartilhamento das angústias do dia a dia e estarem sempre dispostas e ajudar. Minha gratidão às amigas Gabriela e Roberta, colegas de profissão e verdadeiras mentoras durante meus momentos de insegurança forense, mas, acima de tudo, pela atenção e força que me deram no enfrentamento a um dos momentos mais difíceis da minha vida que, tenho fé em Deus, logo passará. Agradeço ao colega de mestrado Arthur Garcia, por ser a ponte que me oportunizou iniciar a docência de ensino superior na criação de disciplina em pós-graduação, passo importante para o desenvolvimento de estudos futuros sobre Inteligência Artificial e Direito.

  Aos professores do PPGD-UNINTER, pelo compromisso, seriedade e profundidade dos debates além da qualidade na condução das disciplinas, fundamental para o amadurecimento acadêmico dos mestrandos. Agradeço na pessoa da Prof.ª Dr.ª Andreza Cristina Baggio, sempre atenciosa e disposta a ajudar. Agradeço à Prof.ª Eneida Desiree Salgado, do PPGD-UFPR, pela confiança fruto dos julgamentos simulados do STF e dos grupos de estudo.

  Aos meus colegas de mestrado do PPGD-UNINTER, pela jornada compartilhada. Agradeço em nome da Gabriela e do Ruan, representantes discentes e amigos.

  Ao Prof. Dr. José Sérgio da Silva Cristóvam, Coordenador e Professor Adjunto do PPGD/UFSC, pelas riquíssimas contribuições na avaliação do trabalho de pesquisa, as quais certamente foram fundamentais para a versão final deste livro. À Prof.ª Dr.ª Vivian Lima López Valle, Coordenadora do Curso de Direito e Professora da PUC/PR, por suscitar pontos fundamentais tangentes ao objeto da dissertação, considerações cruciais para o fechamento da presente obra.

Se realmente for comprovado esse divórcio definitivo entre o conhecimento (no sentido moderno do **know-how***) e o pensamento, então passaremos, sem dúvida, à condição de escravos indefesos, não tanto de nossas máquinas quanto de nosso* **know-how***, criaturas desprovidas de raciocínio, à mercê de qualquer engenhoca tecnicamente possível, por mais mortífera que seja.*

(ARENDT, H. *A Condição Humana*, 2001, p. 11).

SUMÁRIO

PREFÁCIO
José Sérgio da Silva Cristóvam 13

APRESENTAÇÃO
Daniel Ferreira 19

INTRODUÇÃO 23

CAPÍTULO 1
INTELIGÊNCIA ARTIFICIAL (IA) E SEUS IMPACTOS NA
CONTEMPORANEIDADE 27
1.1   Quarta revolução industrial e IA 27
1.1.1   Quarta Revolução Industrial 27
1.1.2   Algoritmos 30
1.1.3   Fundamentos e história da IA 33
1.1.4   Aprendizado de máquina 38
1.2   IA na sociedade global, tecnológica e de risco 44
1.2.1   Sociedade global, tecnológica e de riscos 45
1.2.2   Consequências e impactos da IA 50
1.2.3   Tendências de mudanças no ambiente jurídico pela IA 55
1.3   Considerações parciais 58

CAPÍTULO 2
LIMITES JURÍDICOS DO USO DA INTELIGÊNCIA
ARTIFICIAL NO BRASIL 61
2.1   Regulação e (im)prescindibilidade de um marco legal
         para o uso da ia no brasil 61
2.1.1   Marco europeu para o uso da IA 68
2.1.2   Regulação da IA para o Poder Judiciário no Brasil: a
         Resolução 332/2020 do Conselho Nacional de
         Justiça (CNJ) 76

2.2	Personalidade da IA	83
2.3	Considerações parciais	88

CAPÍTULO 3
POSSIBILIDADES DE UTILIZAÇÃO DA IA NA FUNDAMENTAÇÃO DAS DECISÕES ADMINISTRATIVAS E JUDICIAIS 91

3.1	Breves considerações acerca do aspecto fático da ia na administração pública e no poder judiciário	91
3.2	Sistemas de ia implementados nas esferas administrativa e judicial brasileira	97
3.3	Controle, motivação e discricionariedade	103
3.4	IA no atendimento aos parâmetros de fundamentação das decisões administrativas e judiciais	117
3.4.1	Entre racionalismo, positivismo (voluntarismo) e decisões pela IA: (im)possibilidade jurídica do juiz-robô no Brasil	117
3.4.2	Parâmetros da fundamentação das decisões administrativas e judiciais no Brasil	124
3.4.3	Problema da subsunção do fato à norma pela IA	140
3.4.4	Fundamentação, explicabilidade, discricionariedade e IA	150
3.5	Considerações parciais	155

CONSIDERAÇÕES FINAIS 159

REFERÊNCIAS 165

PREFÁCIO

Convites para prefaciar uma obra que está para nascer são sempre motivo de destacada alegria e enorme satisfação, verdadeira honraria que, para mim, guarda simbolismos dos mais variados matizes – aqui, de pronto, destaco três deles: por primeiro, a oportunidade de participar de um momento ímpar para o(a) autor(a), já que a publicação de uma nova obra invariavelmente sintetiza o coroamento de largo esforço e também muitas renúncias; por segundo, o fato da lembrança do nosso nome para a empreitada, o que revela uma atitude de respeito pessoal, acadêmico, profissional da parte de quem nos convida; e, por terceiro, a condição diferenciada de conhecer, em primeira mão e antes dos futuros leitores, numa espécie de "leitor vip", o livro que logo ganhará divulgação.

E, ainda, a satisfação é maior quando o convite vem para escrever o prefácio de obras como a do jovem e promissor administrativistas paranaense Alan José de Oliveira Teixeira, que é Professor de Pós-Graduação na UNINTER, prestigiado centro universitário em que recentemente concluiu seu Mestrado em Direito, sendo que atua, ainda, como advogado e assessor jurídico municipal no Paraná, onde também é membro da Comissão de Gestão Pública e Controle da Administração da OAB/PR (2022) e membro da Equipe de Apoio Editorial da Revista Eurolatinoamericana de Derecho Administrativo – REDOEDA.

Sobre a obra que o(a) leitor(a) ora tem em mãos, a mesma é resultado dos estudos do seu autor durante o seu Mestrado em Direito no PPGD/UNINTER, pesquisas que foram magistralmente orientadas pelo Prof. Dr. Daniel Ferreira, Coordenador do PPGD/UNINTER e um jurista que tem oferecido contribuição de indelével relevo às letras jurídico-administrativistas brasileiras, tanto por seus qualificados escritos como pela atuação docente de mais de duas décadas, com a orientação de dezenas de trabalhos finais de graduação e dissertações de mestrado, sobre os mais variados temas.

Tive a satisfação de participar, em setembro de 2021, da banca de defesa pública da dissertação de mestrado do colega Alan Teixeira. O trabalho tinha como título *"Possibilidades, limites e impactos de adoção da inteligência artificial na fundamentação das decisões administrativas e judiciais no Brasil"*, e a banca contou, também, com a presidência do Prof. Dr. Daniel Ferreira e a destacada participação da talentosa Profa. Dra. Vivian Cristina Lima López Valle (PUC-PR). Naquela ocasião, o então mestrando respondeu com brilho e desenvoltura a todos os questionamentos e apontamentos de uma rigorosa banca examinadora e, ao final, o trabalho acabou merecidamente aprovado, com registro de elevada distinção e indicação de publicação em livro, o que rapidamente se concretizou.

Daquela banca pública guardo não só a alegria de partilhar e celebrar o Direito Administrativo com os diletos colegas Professores Daniel Ferreira e Vivian Lima, mas também a recordação da leitura de um trabalho de invulgar qualidade e, ainda, as melhores impressões sobre a desenvoltura do colega Alan Teixeira, pela apurada formação acadêmica e pelas preocupações demonstradas acerca dos impactos da aplicação das novas tecnologias, inclusive no caso dos mais vulneráveis.

O(A) leitor(a) mais atento(a) notará, já desde as primeiras linhas, que está diante de um trabalho diferenciado de muitos dos livros publicados no Brasil sobre o tema, e isso por algumas razões: primeiro, pela qualidade da revisão bibliográfica realizada; segundo, pela sua abrangência e a postura do autor em assumir posição sobre diversos dos imbricados temas que enfrenta; terceiro, pela sua capacidade de abordagem e, embora jovem, pela escrita que já indica um pensamento, em certa medida, autônomo e maduro.

Sobre a estrutura de apresentação do livro, o mesmo vem dividido em três capítulos, sendo que, no primeiro, o autor busca estabelecer uma espécie de diagnóstico dos aspectos identificados por teóricos sobre a sociedade dos séculos XX e XXI, especialmente sobre a ideia da Quarta Revolução Industrial (Klaus Schwab). Ainda, discute os principais impactos da adoção da inteligência artificial, avançando para análises sobre o "conceito e funcionalidades do algoritmo, assim como as características da decisão algorítmica e o *machine learning* característico dos sistemas de IA", situando o tema na "sociedade global e de risco verificada por Ulrich Beck", para dizer "que se trata efetivamente de uma sociedade global e tecnológica, em que cabe aos afetados o estudo de mitigação dos riscos" (citações da introdução).

No segundo capítulo são enfrentadas as questões relativas aos limites jurídicos do uso da inteligência artificial, a partir da análise do "marco europeu para o uso da IA, as orientações éticas que constam dos textos vigentes, além da resolução de regência do desenvolvimento da tecnologia". A análise avança para o debate em torno da regulação do uso da IA pelo Poder Judiciário brasileiro, a Resolução 332/2020 do Conselho Nacional de Justiça (CNJ), "que orienta para o desenvolvimento e adoção da tecnologia no âmbito da Administração da Justiça e da prestação jurisdicional e aponta os princípios norteadores", culminando com a investigação sobre a "personalidade da inteligência artificial como limite jurídico, verificando-se a possibilidade ou não de *e-persons* e a titularidade de direitos de personalidade aos sistemas de IA" (citações da introdução).

No capítulo final, o autor avança para o debate central em torno das possibilidades de utilização da inteligência artificial na fundamentação das decisões administrativas e judiciais no Brasil, primeiro a partir de discussões a respeito da possibilidade fática de adoção de um juiz-robô, um controlador-robô ou um gestor-robô, e depois na análise de sistemas de IA já implementados nas esferas administrativa e judicial brasileira.

Ainda, o autor aborda a temática do controle da Administração Pública no Brasil, com a discussão de temas como a discricionariedade administrativa e sua sujeição ao crivo/controle pelo Poder Judiciário, a questão da motivação das decisões administrativas e, em especial, a relação da IA e os parâmetros de fundamentação das decisões administrativas e judiciais no Brasil, para debater sobre a (im) possibilidade ou jurídica da "existência de juízes-robô no contexto normativo pátrio, levantando-se debates acerca do racionalismo, positivismo, voluntarismo e decisões pela IA" (citações da introdução).

Tudo isso a partir de uma linguagem direta, com uma escrita leve e fluida, o que, inclusive, facilita a compreensão dessas complexas e palpitantes temáticas.

Confesso que o tema da inter-relação e dos impactos das novas tecnologias nos mais variados âmbitos de atuação do Poder Público tem gravitado em torno das minhas mais recorrentes preocupações acadêmicas e pessoais. Seguramente, o Direito Administrativo contemporâneo precisa dar respostas às mais dinâmicas, complexas e multifacetadas demandas de uma sociedade cada vez mais digital, tecnológica e que, também por isso, reclama do Poder Público agilidade, transparência e efetividade na atuação administrativa e na prestação de serviços públicos.

A atividade administrativa carece do cumprimento aprofundado e acelerado do seu mister primordial, que repousa na satisfação/concretização dos direitos fundamentais dos cidadãos, função precípua da Administração Pública e, mesmo, sua fonte última de legitimação e razão ético-política e até filosófica de existir de um efetivo Estado Social e Democrático de Direito. E as novas tecnologias e seu uso, não mais só incremental e a indicar um modelo de governo eletrônico, mas também disruptivo e voltado à consolidação de um efetivo modelo de governo digital ou, melhor dizendo, de Estado digital, joga um papel de indelével centralidade.

Porém, nesse contexto de transformações tecnológicas e consolidação de uma noção de Administração Pública digital, no centro desse debate, deve estar a preocupação com os direitos fundamentais de todos os cidadãos, em especial os mais vulneráveis e marginalizados.

Não se pode admitir como ética, política e institucionalmente aceitável que, agora, mesmo a partir da colonização do Estado pelas novas tecnologias possamos, novamente, normalizar, no governo digital, os padrões de exclusão social dos tempos do governo analógico, numa espécie de versão digital de e-vulnerabilidades, e-marginalização e e-invisibilidade. Até porque os excluídos do ontem analógico tendem a ser os mesmos excluídos do hoje e do amanhã digital. Pouco ou quase nada adiantará a busca pelo incremento de dimensões de eficiência, transparência, controle, simplificação da burocracia, agilidade, se tudo isso não estiver intestinamente voltado à ampliada e qualificada prestação de serviços públicos, sobretudo aos mais necessitados.

Sem contar que, principalmente num primeiro momento e se não bem dialogado e refletido, a instituição de modelos de

Administração Pública digital pode, inclusive, aprofundar a desigualdade entre os cidadãos, em especial quanto à prestação de serviços públicos em plataformas digitais. Por mais que possa soar paradoxal, em diversos seguimentos e setores de atuação estatal, em especial na promoção de direitos sociais, a modelagem digital, que deveria representar um avanço/ampliação da presença ativa do Estado, pode sim redundar no aprofundamento do fosso de ausência estatal, sobretudo para as camadas mais necessitadas. Precisamos debater, com serenidade e seriedade, um modelo efetivo e inclusivo de transição, o mais rápido possível, para uma dimensão de Administração Pública 4.0, mas que alcance a todos em seus benefícios, em especial àqueles mais carentes da atuação estatal.

O livro que o(a) leitor(a) ora tem em mãos transita e toca também nesses temas, porque discute a fundo sobre os impactos das novas tecnologias e da inteligência artificial na decisão administrativa e judicial. Melhor parar por ora e deixar que o leitor tire suas próprias conclusões!

Aqui, foram trazidas apenas algumas breves considerações que serão complementadas pelas percepções do(a) leitor(a), de forma a assegurar que a obra que agora tenho a satisfação de prefaciar, logo alcançará o merecido sucesso. Ficam, pois, os sinceros cumprimentos ao colega Alan e à qualificada Editora Fórum, pela publicação.

Ilha de Santa Catarina (Desterro), 21 de abril de 2022 – Dia de Tiradentes, agora já bem mais aliviado ante o melhor quadro depois da triste e trágica situação de pandemia de Coronavírus (Covid-19).

José Sérgio da Silva Cristóvam
Mestre e Doutor em Direito pela Universidade Federal de Santa Catarina (UFSC). Professor da Graduação, Mestrado e Doutorado em Direito da UFSC. Coordenador do Grupo de Estudos em Direito Público (GEDIP/CCJ/UFSC).

APRESENTAÇÃO

Esta é uma obra diferenciada, a começar porque é muito bem escrita, o que facilita a sua leitura e assimilação. Soma-se a isso o fato de a linguagem adotada ser a culta e o vocabulário empregado mostrar-se bastante rico, e ainda assim sem firulas. Isto é, os termos foram escolhidos "a dedo" e com vistas a evitar ruídos de comunicação, demonstrando tecnicidade jurídica invejável.

Apenas (sic) por isso, o presente livro, intitulado "Inteligência Artificial e fundamentação: limites e possibilidades às decisões administrativas e judiciais no brasil", do jovem Mestre em Direito e advogado Alan José de Oliveira Teixeira, merece recomendação.

Quanto ao tema esmiuçado, ele se mostra atualíssimo e revigora uma discussão que muito interessa a administrativistas, a processualistas e até mesmo a constitucionalistas, qual seja, o controle de validade das decisões jurídicas *a partir de sua fundamentação*. Com efeito, até a adoção da Inteligência Artificial (IA) pelas instâncias de poder estatal no Brasil, dentre as quais as administrativas, controladoras e judiciais, a preocupação centrava-se na confirmação da sua existência, da sua abrangência e da sua congruência, isto é, da pertinência entre os pressupostos fáticos e jurídicos apontados e o conteúdo da decisão, tendo em vista a finalidade almejada cumprir.

Destarte, tanto na falta como na insuficiência da motivação, ou a decisão estaria a ensejar convalidação, se e quando possível, ou invalidação, por conta da decorrente impossibilidade de se exercitar o *substantial due process of law*; ou seja, o direito a recurso. Isso é fruto do contido no inc. X do art. 93 da Constituição da República, nos arts. 2º, 38 e 50 da Lei do Processo Administrativo Federal, nos arts. 11, 489 e 1.022 do Código de Processo Civil e no art. 20 e parágrafo único da LINDB.

E quando se agrega a essa problemática o franco uso de diferentes sistemas de Inteligência Artificial por órgãos do Poder

Executivo, do Poder Judiciário e de alguns tribunais de contas, na direta e imediata ou, ainda, na indireta e mediata tomada de decisão – por exemplo acerca de benefícios previdenciários, de admissibilidade de recursos dirigidos a tribunais superiores e de aprovação de contas –, os parâmetros tradicionais para controle de sua validade mostram-se insuficientes e a utilidade *isolada* do conhecimento jurídico se apequena.

Daí a importância deste livro. Ele não se furta a primeiramente preparar o leitor para futura compreensão do Capítulo 3, em que o autor revela o seu particular entendimento acerca das "possibilidades [e dos limites, acrescentamos nós] para utilização da IA na fundamentação das decisões administrativas e judiciais" brasileiras.

Não por acaso, o Capítulo 1 se dedica à difusão qualificada de informações colhidas nas melhores fontes acerca do que se pode compreender por Inteligência Artificial (IA) – e seus diferentes tipos – e, antes mesmo dela, do que sejam algoritmos e qual a importância de ambos no contexto da sociedade contemporânea, reconhecida e assumida como global, tecnológica e de risco. Indo além, são apresentados benefícios e malefícios previsíveis como decorrentes de sua adoção, com o deliberado intento de provocar uma crítica pessoal e reflexiva quanto a isso.

No Capítulo 2 reservou-se espaço para o autor sustentar e justificar a necessidade de estipulação de certos limites jurídicos mínimos (marco legal) para criação e uso de sistemas de IA no Brasil e, dentre outros assuntos, para a defesa da tese de que o ordenamento jurídico brasileiro não permite reconhecer as IAs como dotadas de personalidade jurídica. Logo, como passíveis de responsabilização.

Por fim – inclusive na certeza da benevolência do leitor – informa-se que o Capítulo 3 não está a merecer *spoiler* algum. Afinal de contas, tanto o qualificado "prefácio" do Prof. Dr. José Sérgio da Silva Cristóvam como esta "apresentação" recomendam a aquisição e leitura deste livro, cujo ponto alto merece ser paulatinamente descoberto por cada um de vocês.

E o motivo é simples: tudo, absolutamente tudo o que nele se encontra tem valor e fundamento, ainda que não se desdobre em um fecho peremptório, o que reclama provocação, no particular sentido de que a obra tenha seguimento e que seu ilustre autor – o Mestre Alan José de Oliveira Teixeira – continue caminhando com passos firmes rumo à excelência.

No mais, boa leitura!

Daniel Ferreira
Pós-Doutorado pelo *Ius Gentium Conimbrigae* (IGC/FDUC). Doutor e Mestre em Direito do Estado (Direito Administrativo) pela PUC-SP. Professor e atual Coordenador do PPGD UNINTER.

INTRODUÇÃO

Tornou-se praticamente indeclinável na atualidade a adoção, o uso e o desenvolvimento das novas tecnologias. Vê-se diariamente inovações tecnológicas com as mais diversas finalidades. Sejam as inovações originárias das Tecnologias de Informação e Comunicação (TIC), sejam as oriundas da Inteligência Artificial (IA), o fato é que, hoje, o ser humano coexiste com as funcionalidades tecnológicas. Não se trata do diagnóstico de que se depende dos celulares e dos computadores como nunca, ou que as relações sociais migraram para o mundo virtual – o que, diga-se de passagem, já é revolução –, mas da noção de que se está a vivenciar uma generalização profunda dos sistemas de IA.

Por óbvio, os sistemas são mais ou menos complexos a depender da finalidade programada e das técnicas de aprendizagem de máquina embutidas. Hodiernamente, dentre outras inovações, observa-se a existência de carros autônomos, de garçons-robô, sistemas de IA capazes de elaborar contos e histórias. Verifica-se a utilização de técnicas de aprendizagem de máquina para a tomada de decisões em empresas e no auxílio e definições de políticas públicas. Tais exemplos demonstram que o desenvolvimento dessas tecnologias tem o fito de facilitar a vida humana em geral.

Esse objetivo, entretanto, pode ter um caráter dúplice, como é típico do desenvolvimento. Temem-se, com a generalização desses sistemas, consequências significativas no âmbito do mercado de trabalho, nas relações sociais, na economia e no modo de se fazer política na contemporaneidade: isto é, evidente que se está a tratar efetivamente de riscos na atual sociedade global e tecnológica.

Os riscos são acentuados quando as tecnologias advindas da IA são incorporadas por instituições do Estado, órgãos da Administração Pública e o Poder Judiciário. Isso porque a dimensão de afetados e o caráter das decisões administrativas e judiciais, especialmente no sistema brasileiro – que possui diversas particularidades jurídicas a serem consideradas em termos de controle da Administração –, implicam acuidade na incorporação desses sistemas. É evidente a existência de riscos de delegação do controle ao controlador-robô ou juiz-robô e, quem sabe, de alienação da própria gestão pública à artificialidade tecnológica.

Ademais, as decisões algorítmicas carecem de confiabilidade no que tange à garantia de explicabilidade de suas conclusões, o que enseja cabal suspeição pela possibilidade de utilização dos sistemas. Outrossim, é assentada a existência de vieses em tais tecnologias, correndo-se o risco de as decisões administrativas e judiciais restarem eivadas de orientações discriminatórias.

No Brasil, órgãos de controle como os tribunais de contas fazem há algum tempo o uso de sistemas de IA na auditoria e controle das prestações de contas. É o caso do Tribunal de Contas da União. O Poder Judiciário, representado pelo Supremo Tribunal Federal (STF) e pelo Superior Tribunal de Justiça (STJ), têm adotado a IA para "filtragem" dos casos que chegam às cortes, por meio de indexação, com o objetivo de realizar juízo prévio de admissibilidade recursal. Há notícias até mesmo de sistemas que minutam as decisões nesse sentido. Questiona-se, ainda, se de fato os sistemas de IA motivam e fundamentam suas decisões, se há arcabouço jurídico que sustente a legitimidade da inovação, e quais as possibilidades fáticas e jurídicas do estado de coisas no Brasil.

Nesse contexto, diante da imposição das novas tecnologias na contemporaneidade, notadamente o uso progressivo e acelerado dos sistemas de IA pela Administração Pública, pelos órgãos de controle e pelo Poder Judiciário, a presente pesquisa presta-se a responder a seguinte indagação: quais são os impactos, limites e possibilidades de adoção da inteligência artificial na fundamentação das decisões administrativas e judiciais no sistema brasileiro?

Para o desenvolvimento do presente trabalho, utilizou-se a pesquisa bibliográfica, com análise de referenciais teóricos abrangendo livros e artigos científicos pertinentes ao objeto de estudo, em especial a respeito da funcionalidade dos sistemas de IA, o que ensejou o estudo dos fundamentos e história da tecnologia, assim como a investigação de trabalhos publicados a respeito da intersecção IA e Direito. Através do estudo do texto normativo constitucional, da legislação de regência e demais textos jurídico-normativos, perquiriu-se os limites e possibilidades da IA na fundamentação das decisões.

O primeiro capítulo cuida de diagnosticar os aspectos identificados por teóricos a respeito da sociedade do século XX e XXI, especialmente a existência de uma Quarta Revolução Industrial, conforme preconizado por Klaus Schwab. Além disso, o capítulo se presta a descrever os impactos de adoção da inteligência artificial nas mais diversas frentes do cotidiano, passando pelos fundamentos e a história do desenvolvimento da tecnologia. Verificar-se-ão seus fundamentos e pressupostos, principais características.

Na mesma linha, verifica-se o conceito e funcionalidades do algoritmo, assim como as características da decisão algorítmica e o *machine learning* característico dos sistemas de IA. Situa-se ainda a IA e os algoritmos na sociedade global e de risco verificada por Ulrich Beck, aferindo-se que se trata efetivamente de uma sociedade global e tecnológica, em que cabe aos afetados o estudo de mitigação dos riscos. No capítulo também se perquirirá as consequências e impactos da IA, assim como as tendências de mudanças no ambiente jurídico pela referida tecnologia.

No segundo capítulo se investigam os limites jurídicos do uso da inteligência artificial. Para isso, analisam-se inicialmente o marco europeu para o uso da IA, as orientações éticas que constam nos textos vigentes, além da resolução de regência do desenvolvimento da tecnologia. Posteriormente, trabalha-se com a regulação do uso da IA pelo Poder Judiciário brasileiro, consubstanciada na Resolução 332/2020 do Conselho Nacional de Justiça (CNJ) – órgão administrativo criado pela EC 45/2004 –, que orienta para o desenvolvimento e adoção da tecnologia no âmbito da Administração da Justiça e da prestação jurisdicional e aponta os princípios norteadores. Na sequência, investiga-se a personalidade da inteligência artificial como limite jurídico, verificando-se a possibilidade ou não de *e-persons* e a titularidade de direitos de personalidade aos sistemas de IA.

No terceiro capítulo busca-se a dissertação específica das possibilidades de utilização da inteligência artificial na fundamentação das decisões administrativas e judiciais no Brasil. Inicia-se com breves considerações a respeito do aspecto fático da IA na Administração Pública e no Poder Judiciário, isto é, a possibilidade fática de adoção de um juiz-robô, um controlador-robô ou um gestor-robô, com o fito de estreitar a análise. No ponto seguinte verificam-se os sistemas de IA já implementados nas esferas administrativa e judicial brasileira.

Esmiuça-se, em seguida, o controle da Administração no Brasil, seus pressupostos, requisitos e elementos, passando por aspectos relacionados à convalidação e invalidade dos atos administrativos, assim como controle interno e externo. Dentro do aspecto do controle também se estuda a discricionariedade administrativa e sua sujeição ao crivo/controle pelo Poder Judiciário em virtude das características da jurisdição brasileira. Outrossim, analisa-se a questão da motivação das decisões administrativas, sua obrigatoriedade e aspectos teóricos envolvidos na motivação adequada.

No ponto seguinte deste último capítulo ainda se vê a IA no atendimento aos parâmetros de fundamentação das decisões administrativas e judiciais no Brasil. Assim, examina-se a possibilidade ou impossibilidade jurídica de existência de juízes-robô no contexto normativo pátrio, levantando debates acerca do racionalismo, positivismo, voluntarismo e decisões pela IA. Após, verificam-se os parâmetros vigentes de fundamentação das decisões administrativas e judiciais no Brasil, especialmente constantes da Lei de Introdução às Normas do Direito Brasileiro (Decreto-lei nº 4.657/1942 – LINDB) e do Código de Processo Civil. Em seguida, pesquisa-se o problema de subsunção do fato à norma pela IA, apontam-se potenciais barreiras ao exercício da discricionariedade pela IA na tomada de decisões (administrativas e judiciais), cogita-se a incapacidade da IA em (bem) explicar uma decisão porventura tomada, a despeito de fundamentada adequadamente, e, ao final, tecem-se as considerações finais.

CAPÍTULO 1

INTELIGÊNCIA ARTIFICIAL (IA) E SEUS IMPACTOS NA CONTEMPORANEIDADE

1.1 Quarta revolução industrial e IA

1.1.1 Quarta Revolução Industrial

Na contemporaneidade, observa-se a adoção crescente das tecnologias. Nesse campo, o uso dos sistemas de Inteligência Artificial (IA) tem se intensificado, seja com o fim de facilitar operações e atividades, seja com a finalidade de tentar reproduzir a inteligência humana. Dos algoritmos aos sistemas mais complexos de programação, percebe-se, atualmente, certa inevitabilidade tecnológica, contexto que evidencia a necessidade do debate a respeito dos limites éticos e jurídicos, das possibilidades e dos impactos de tais tecnologias.

Nesse contexto, determinados estudiosos identificam os movimentos supramencionados de mudanças situadas na chamada "Quarta Revolução Industrial". Quando se faz uso do termo "Revolução", a primeira ideia a ocorrer é a de mudança abrupta. O preconceito, porém, não se confirma ao se observar as revoluções industriais (que datam do século XVIII em diante), cujas mudanças paradigmáticas foram precedidas de uma conjuntura propícia.

Afirma-se que a Primeira Revolução Industrial ocorreu por volta do ano de 1760, a qual foi caracterizada por mudanças no uso da força física em virtude do emprego da energia mecânica (invenção da máquina à vapor e construção de ferrovias).[1] Intitula-se o período correspondente ao final do século XIX e começo do século XX de Segunda Revolução Industrial, em razão do aparecimento da eletricidade e do desenvolvimento da linha de montagem.[2] Marcada pelo surgimento dos computadores nos anos sessenta, assim como pelo descobrimento da internet nos anos 80, este período do século XX foi marcado com a emergência da Terceira Revolução Industrial.[3]

Segundo Klaus Schwab, a sociedade do século XXI vive hoje o início de uma nova Revolução Industrial, a "Indústria 4.0" ou "Quarta Revolução Industrial".[4] Para o autor, trata-se de uma revolução digital que teve início na virada do século, tendo como principais marcos a generalização da internet e sua mobilidade, sensores mais potentes e menores que se tornaram mais baratos, assim como a emergência da inteligência artificial e da aprendizagem de máquina. De acordo com Schwab, a Quarta Revolução Industrial vai além de máquinas inteligentes e sistemas conectados, perfazendo-se com um objetivo amplo. Das energias renováveis à computação quântica, da nanotecnologia ao sequenciamento genético, as ondas de novas descobertas acontecem concomitantemente em diversas áreas.[5] Schwab compreende que "o que torna a Quarta Revolução Industrial fundamentalmente diferente das anteriores é a fusão dessas tecnologias e a interação entre os domínios físicos, digitais e biológicos".[6] Importante o alerta do estudioso de que, nessa Revolução,

> As tecnologias emergentes e as inovações generalizadas são difundidas muito mais rápida e amplamente do que nas anteriores, as quais continuam a desdobrar-se em algumas partes do mundo. A segunda revolução industrial precisa ainda ser plenamente vivida por 17% da população mundial, pois quase 1,3 bilhão de pessoas ainda não têm acesso à eletricidade. Isso também é válido para a terceira revolução industrial, já que mais da metade da população mundial, 4 bilhões de

---

[1] PIAIA, T. C.; COSTA, B. S.; WILLERS, M. M. Quarta Revolução Industrial e a proteção do indivíduo na sociedade digital: desafios para o direito. *Revista Paradigma*, Ribeirão Preto, SP, a. XXIV, v. 28, n. 1, p. 122-140, jan./abr. 2019, p. 125.
[2] Idem.
[3] Idem.
[4] SCHWAB, Klaus. *A Quarta Revolução Industrial*. Trad.: Daniel Moreira Miranda. São Paulo: Edipro, 2016.
[5] Ibidem, p. 16.
[6] Idem.

pessoas, vive em países em desenvolvimento sem acesso à internet. O tear mecanizado (a marca da primeira revolução industrial) levou quase 120 anos para se espalhar fora da Europa. Em contraste, a internet espalhou-se pelo globo em menos de uma década.[7]

Isto é, apesar de usualmente se intitular períodos históricos como revoluções, as mudanças pretendidas não ocorrem, a reboque, em todas as partes do globo: são paulatinas, concatenadas e dependem da conjuntura. No contexto brasileiro, trabalhos científicos constatam, por exemplo, distâncias colossais entre o ideal e o factível a respeito da integração efetiva das tecnologias de informação e comunicação no sistema público de ensino e o acesso à população em geral.[8]

No campo dos pressupostos da Quarta Revolução Industrial, alguns autores sustentam que hoje se vive em um ciberespaço, o qual gera uma coletivização dos saberes. O ciberespaço, conforme assevera Edméa Santos em leitura de Pierry Lévy, "[...] surge não só por conta da digitalização, evolução da informática e suas interfaces, própria dos computadores individuais, mas da interconexão mundial entre computadores, popularmente conhecida como internet".[9] O ciberespaço, segundo João Pedro da Ponte, ainda encontra fundamento na denominada sociedade da informação.[10] Contudo, para Klaus Schwab, existem fatores que limitam a realização efetiva da Quarta Revolução Industrial. São eles: (1) baixos níveis de liderança e compreensão em diversos setores acerca das mudanças em curso em contraste com a necessidade de repensar os sistemas econômicos, sociais e políticos; e (2) ausência de uma narrativa coerente em âmbito global com descrição das oportunidades e desafios das mudanças.[11]

---

[7] Ibidem, p. 17.
[8] TEIXEIRA, A. J. O. Entre novas tecnologias e novas desigualdades: (im)possibilidade de implementação do ensino a distância nas escolas públicas brasileiras diante da crise sanitária (Covid-19). In: AQUINO, Ana et al (Org.). *Inovações em ensino e aprendizagem*. Rio de Janeiro: Pembroke Collins, 2020. p. 257.
[9] SANTOS, Edméa. Educação online para além da EAD: um fenômeno da cibercultura. X Congresso Internacional Galego-Português de Psicopedagogia. Anais... Braga: Universidade do Minho, 2009. p. 5661.
[10] PONTE, João Pedro da. Tecnologias de informação e comunicação na formação de professores: que desafios? *Revista Iberoamericana de Educação*, n. 24 (2000), p. 64.
[11] SCHWAB, Klaus. *A Quarta Revolução Industrial*. Trad.: Daniel Moreira Miranda. São Paulo: Edipro, 2016. p. 17.

Ou seja, para o supracitado autor, estes são fatores que podem impedir a realização coesa da Quarta Revolução Industrial. Nesse âmbito, o papel do Estado e das organizações é fundamental, pois, "com a tecnologia, novos grupos sociais emergiram e surgiram, caracterizando a tecnologia como um instrumento de socialização e intercomunicação da sociedade global".[12] Para Letícia Kreuz e Ana Viana, o Estado, além de operacionalizar os vetores e incorporar essas transformações, deve permitir, simultaneamente, maior grau de participação cidadã na tomada de decisões por meio da adoção de contornos tecnológicos às suas atividades.[13]

No que tange à Inteligência Artificial (IA), Klaus Schwab afirma que tais sistemas estão transformando as vidas dos indivíduos, com o progresso "impressionante" da IA propiciado pelo aumento exponencial da capacidade de processamento e pelo manejo de dados.[14] Schwab cita como exemplos os carros e drones que pilotam sozinhos, bem como softwares cujo arranjo de algoritmos permite a predição dos interesses culturais.[15] O autor assevera que os sistemas apreendem as "migalhas" de dados deixados no mundo digital e, consequentemente, demonstram uma "aprendizagem automática".[16] Tema esclarecedor da operosidade das tecnologias hoje é o dos algoritmos, enfrentado a seguir.

1.1.2 Algoritmos

Segundo Philip Hanke, vive-se hoje na era dos algoritmos. Para o autor, a conexão entre direito e tecnologia é um fenômeno mundial, com a crescente automatização de muitas tarefas e uma efetiva renovação do ambiente jurídico.[17] Nesse contexto, conforme

---

[12] KREUZ, Letícia Regina Camargo; VIANA, Ana Cristina Aguilar. 4ª Revolução industrial e governo digital: exame de experiências implementadas no Brasil. *Revista Eurolatinoamericana de Derecho Administrativo*, Santa Fe, v. 5, n. 2, p. 267-286, jul./dic., 2018. p. 271.
[13] Ibidem.
[14] SCHWAB, Klaus. *A Quarta Revolução Industrial*. Trad.: Daniel Moreira Miranda. São Paulo: Edipro, 2016.
[15] Idem.
[16] Idem.
[17] HANKE, Philip. *Algorithms and law*: a course on legal tech. Institute of Public Law, University of Bern, Spring term 2018. Disponível em http://www.philiphanke.com/uploads/1/3/9/8/13981004/course_outline_-_algorithms_and_law.pdf.

explicitam Fabiano Peixoto e Roberta da Silva, o desenvolvimento de um conhecimento sobre diferentes possibilidades e ferramentas que podem ser utilizadas, assim como os respectivos algoritmos, é de extrema importância, notadamente o conceito e operacionalização dos sistemas de Inteligência Artificial (IA).[18]

Ao se estudar o algoritmo, é fundamental compreender que ele faz parte de uma lógica de programação. Para se entender esta lógica, é importante registrar que, inicialmente, os computadores dependem totalmente dos seres humanos para executar suas funções. Isso porque o computador apenas executa passos previamente planejados, estipulados. Nessa linha, muito embora inteligente, altamente capaz de operar cálculos complexos e de ser rápido, o computador segue e sistematiza ordens antecipadamente programadas. Isso significa que o computador executa a intenção do programador. Para Fabiano Peixoto e Roberta da Silva, "um algoritmo pode ser definido, de modo simplificado, como um conjunto de regras que define precisamente uma sequência de operações, para várias finalidades, tais como modelos de previsão, classificação, especializações".[19]

É nesse contexto que a relevância da lógica de programação se traduz em instruções que o programa obedece para alcançar determinado objetivo. À organização dessas instruções dá-se o nome de algoritmo, o qual pode ser definido como uma receita, um fluxo computacional de passos ordenados com a finalidade de resolver certo problema proposto. Quando se cria uma sequência de atos ou atividades que levam à solução de um problema, por mais cotidiano que ele seja, cria-se um algoritmo. Até mesmo a troca de uma lâmpada.[20] É interessante perceber que os seres humanos são igualmente hábeis a desenvolver este tipo de raciocínio que, na verdade, é natural. São as chamadas heurísticas, "[...] estratégias que podem conduzir à solução de algum problema de maneira mais

---

[18] PEIXOTO, Fabiano Hartmann; SILVA, Roberta Zumblick Martins da. *Inteligência artificial e direito*. Curitiba: Alteridade, 2019.

[19] PEIXOTO, Fabiano Hartmann; SILVA, Roberta Zumblick Martins da. *Inteligência artificial e direito*. Curitiba: Alteridade, 2019. p. 71.

[20] Problema: trocar uma lâmpada. Sequência de passos para solução: 1. Pegue uma escada; 2. Posicione a escada embaixo da lâmpada; 3. Pegue uma lâmpada nova; 4.suba na escada; 5.retire a lâmpada velha; 6.coloque a lâmpada nova.

rápida que a investigação de todas as possibilidades de respostas".[21] Almir Artero se utiliza de um exemplo simples de heurística para ilustrar a acepção do termo: "situação em que uma pessoa perdida em uma floresta procura encontrar água".[22] Para o autor, nestes casos ela sempre segue na direção de áreas mais baixas do terreno, por conta de geralmente lagos e rios serem encontrados nestes locais.

Outro exemplo esclarecedor é do tabuleiro de xadrez, cujas possibilidades exponenciais de lances e posições de jogo tático tornam sua exploração plena completamente inviável. Assim, as *engines* ou "[...] os programas implementados testam alguns lances futuros (a mesma heurística usada pelas pessoas), avaliam resultados obtidos e executam a jogada que apresenta o maior ganho".[23]

Situação complexa que merece atenção do direito é o "filtro invisível" ocasionado pelo uso de algoritmos em redes sociais, sites e aplicativos como *Google*, *Facebook* e *Amazon* com o intuito de realizar uma personalização do indivíduo/usuário/consumidor.[24] De acordo com Eli Pariser, tal personalização tem deixado os usuários presos numa bolha invisível, isto é, as empresas exibem apenas aquilo que acham que o navegador deseja ver. Isso ocorre em função dos algoritmos que regem os sites e as redes sociais, porque criam bancos de dados sobre preferências aparentes do consumidor/usuário, causando um movimento circular a cada busca realizada.[25]

Ressalta-se, porém, que algoritmo não é sinônimo de Inteligência Artificial, visto que "[...] os sistemas de IA são compostos de algoritmos juntamente com outras aplicações de computadores. No entanto, nem toda aplicação de algoritmo se refere a um sistema de IA".[26] A tecnologia da inteligência artificial possui fundamentos, pressupostos e características que lhe são essenciais. Além disso, é primordial analisar o desenvolvimento histórico da IA para as ilações jurídicas a serem realizadas ao longo da presente pesquisa.

---

[21] ARTERO, Almir Olivette. *Inteligência artificial*: teórica e prática. São Paulo: Livraria da Física, 2009, p. 23.
[22] Idem.
[23] Ibidem, p. 24.
[24] PARISER, Eli. *O filtro invisível:* o que a internet está escondendo de você. Rio de Janeiro: Zahar, 2012.
[25] PARISER, 2012.
[26] PEIXOTO, Fabiano Hartmann; SILVA, Roberta Zumblick Martins da. *Inteligência artificial e direito*. Curitiba: Alteridade, 2019. p. 84.

1.1.3 Fundamentos e história da IA

Para Almir Olivette Artero, a ambição de construir máquinas capazes de realizar tarefas inteligentes é antiga, e cada época fez uso do hardware à sua disposição para atingir o desenvolvimento.[27] É o caso do ábaco e das primeiras calculadoras mecânicas (baseadas em rodas dentadas – utilizadas desde o século I, em Alexandria).[28] Alan Turing é considerado por muitos autores o "pai" da computação e da Inteligência Artificial (IA) em razão da publicação do estudo *Computing machinery and intelligence*, concebido como um marco acerca da nova tecnologia.[29] A conclusão do matemático à época foi a de que, "[...] em cerca de 50 anos, os computadores realizariam tão exitosamente a imitação que o interrogador médio não distinguiria, em bom número de ocasiões, a máquina e o ser humano".[30]

É perceptível, pois, que as pesquisas em inteligência artificial precedem o surgimento dos próprios computadores. O termo "inteligência artificial", porém, foi elaborado por John McCarthy, Marvin Minsky, Nathaniel Rochester e Claude Shannon, em 1955, no documento *A Proposal for the Dartmouth Summer Research Project on Artificial Intelligence*, que pretendeu a realização do primeiro evento científico a respeito da temática.[31] Outros autores compreendem que a terminologia data de 1956, com a reunião de cientistas de diversas áreas do conhecimento, os quais estariam interessados na criação de máquinas inteligentes e em como elas afetariam os processos existentes.[32]

Segundo Fabrício Silva *et al.*, porém, a tecnologia começou a ser desenvolvida ainda na década de 1950, com o *Darthmouth*

---

[27] ARTERO, Almir Olivette. *Inteligência artificial:* teórica e prática. São Paulo: Livraria da Física, 2009.
[28] Idem.
[29] FREITAS, Juarez; FREITAS, Thomas Bellini. *Direito e inteligência artificial:* em defesa do humano. Belo Horizonte: Fórum, 2020.
[30] Ibidem, p. 22.
[31] MCCARTHY, J.; MINSKY, M. L.; ROCHESTER, N.; SHANNON, C. E. A proposal for the Dartmouth summer research project on Artificial Intelligence, August 31, 1955. *AI Magazine*, [s. l.], v. 27, n. 4, p. 12, 2006. DOI: 10.1609/aimag.v27i4.1904. Disponível em: https://ojs.aaai.org/index.php/aimagazine/article/view/1904.
[32] ARTERO, Almir Olivette. *Inteligência artificial:* teórica e prática. São Paulo: Livraria da Física, 2009. p. 15.

Summer Research Project on Artificial Intelligence (Projeto de Pesquisas de Verão em Inteligência Artificial de Dartmouth) no Dartmouth College, nos Estados Unidos.[33] Para Artero, a partir disso, o *Massachusetts Institute of Technology* – MIT propôs uma divisão da história da Inteligência Artificial:

> Época clássica (1956-1970) – o objetivo era simular a inteligência humana, o que se esperava obter com a criação de programas capazes de solucionar qualquer problema, fato este que levou a uma grande quantidade de fracassos, pois a complexidade computacional dos problemas envolvidos era extremamente alta. Um dos programas mais conhecidos desta época é o GPS (*General Problem Solver*);
>
> Época romântica (1970-1980) – o objetivo era mais modesto, restringindo-se a simular o comportamento humano em situações restritas, e a formalização matemática passou a ser mais exigida como tentativa de evitar as falhas da época anterior. Assim, vários sistemas especialistas (atuando em domínios bem específicos) foram implementados com sucesso, porém, novamente, a dificuldade de adaptação dos sistemas especialistas a novas circunstâncias, e também a subestimação da quantidade de informação necessária para resolver problemas, razoavelmente simples, gerou, novamente, vários fracassos;
>
> Época moderna (1980-1990) – devido às dificuldades dos sistemas em tratar problemas específicos, nesta época foi dada maior ênfase às ferramentas para o desenvolvimento de sistemas especialistas que ofereciam facilidades para que seus usuários pudessem projetar seus próprios sistemas especialistas e, assim, pudessem tratar problemas mais específicos.[34]

Acontecimento que merece destaque no desenvolvimento e história da IA foi o *match* de partidas jogadas entre o então campeão mundial de xadrez – e considerado por muitos um dos melhores jogadores de todos os tempos – Garry Kasparov e o programa *Deep Blue*. O sistema de IA *Deep Blue* foi capaz de derrotar o campeão mundial, resultado inédito e surpreendente.[35] O programa tinha a capacidade de analisar cerca de 250 milhões de jogadas por segundo.[36]

---

[33] SILVA, Fabrício Machado da *et al*. *Inteligência Artificial*. Porto Alegre: SAGAH, 2019. p. 13.

[34] Idem.

[35] VYAS, Kashyap. Deep Blue vs. Kasparov: the historic contest that sparked the AI revolution. *Interesting Engineering*, 8 ago. 2019. Disponível em: http://www.ibm.com/ibm/history/ibm100/us/en/icons/deepblue/. Acesso em: 12 mai. 2021.

[36] DEEP Blue. *IBM 100*. Disponível em: http://www.ibm.com/ibm/history/ibm100/us/en/icons/deepblue. Acesso em: 09 ago. 2021.

Para Juarez e Thomas Freitas, o feito sobreveio por conta da capacidade de aprendizado da máquina (*machine learning*), situação em que o *Deep Blue*, após processar grande quantidade de partidas anteriormente protagonizadas por seres humanos, aprende as melhores variantes, táticas e lances, tomando tais decisões por conta própria.[37] Em 2016 o *Go*, jogo asiático mais complexo que o xadrez, protagonizou feito similar envolvendo a IA por meio do software *AlphaGo*, que derrotou o campeão mundial Lee Sedol através da mesma lógica de aprendizado de lances de jogadores mais experientes.[38] Por óbvio, as conquistas dos sistemas de IA não se resumem aos jogos de tabuleiro, sendo possível verificar, por exemplo, o uso de veículos autônomos em colheitas, mecanismos de identificação facial, sistemas geradores de escrita (como o GPT-3), programas de conversa virtual (*chatbots*) – os quais simulam o comportamento humano –, assistentes virtuais etc., sem contar os inúmeros avanços na área da medicina para a realização mais precisa de cirurgias[39] e, acrescente-se: a generalização crescente dos sistemas inteligentes na Administração Pública e no Judiciário.

Adentrando a seara da conceituação, é possível verificar uma distinção entre inteligência artificial e automatização. Segundo Juarez Freitas, "[...] a autonomia e a adaptabilidade são propriedades inerentes da IA, que imprimem cores peculiares à decisão algorítmica, requerendo cuidados adicionais no tocante à explanação de passos lógicos, sobretudo na esfera administrativa".[40] Isso porque, diferentemente da automatização, a IA pretende ser um simulador da inteligência humana. Está, pois, "[...] subordinada à ideia de fazer com que os computadores 'pensem' exatamente como os humanos, criando análises, raciocinando, entendendo e obtendo respostas a diferentes situações".[41]

---

[37] FREITAS, Juarez; FREITAS, Thomas Bellini. *Direito e inteligência artificial:* em defesa do humano. Belo Horizonte: Fórum, 2020.
[38] WANG, Fei Yue. Where does AlphaGo go: from church-turing thesis to AlphaGo thesis and beyond. *IEEE/CAA Journal of Automatica Sinica*, v. 3, n. 2, p. 113-120, 2016.
[39] Op. cit.
[40] FREITAS, Juarez. Direito Administrativo e inteligência artificial. *Interesse Público – IP*, Belo Horizonte, a.21, n. 114, mar./abr. 2019.
[41] FIORILLO, Celso Antonio Pacheco. Management of artificial intelligence in Brazil in the face of the constitutional legal treaty of the digital environment. *RJLB*, a. 5 (2019), n. 6, p. 329-350.

Ben Coppin, em sua obra *Inteligência Artificial*, apresenta a seguinte definição de IA: "Inteligência Artificial envolve utilizar métodos baseados no comportamento inteligente de humanos e outros animais para solucionar problemas complexos".[42] Segundo o autor, a diferença existente entre "IA forte" e "IA fraca" se afigura importante para se entender a funcionalidade dos sistemas de IA. Ben Coppin compreende que os seguidores da IA fraca têm a simples visão de que um comportamento inteligente pode ser modelado e utilizado por computadores para a solução de problemas complexos, mas o simples fato de um computador agir de forma inteligente não comprovaria que ostenta as mesmas características da inteligência humana.[43] Por outro lado, a IA forte seria a crença de que se um computador for suficientemente capaz de processar dados e adquirir inteligência o bastante, criar-se-ia uma máquina capaz de pensar e agir conscientemente da mesma forma que os seres humanos.[44] [45]

Stuart Russell e Peter Norvig, ao compararem oito definições de IA dispostas em dimensões que as relacionariam a processos de pensamento e raciocínio e em dimensões do comportamento, levando ainda em conta a fidelidade ao desempenho humano e conceitos ideias de racionalidade, afirmam que historicamente as quatro estratégias para o estudo da IA têm sido seguidas. Alertam os autores que "[...] alcançar a racionalidade perfeita – sempre fazer a coisa certa – não é algo viável em ambientes complicados. As demandas computacionais são demasiado elevadas".[46]

---

[42] COPPIN, Ben. *Inteligência artificial*. Tradução e revisão técnica de Jorge Duarte Pires Valério. Rio de Janeiro: LTC, 2013. p. 4.

[43] Idem.

[44] Idem.

[45] Na mesma linha: "A inteligência artificial fraca é uma corrente de pesquisa e desenvolvimento que defende que nunca será possível construir máquinas inteligentes no real sentido da palavra, pois, para ela, a inteligência demanda consciência e autopercepção, habilidades impossíveis de serem recriadas. Tudo que se pode fazer envolve imitar comportamentos inteligentes e emoções, bem como resolver problemas, mas nunca a consciência, considerando que isso se resume a um conjunto de cálculos"; e "Já o grupo da inteligência artificial forte acredita que um dia será possível recriar máquinas capazes de pensar, criar e exibir comportamento inteligente nos moldes humanos, a partir da criação de algoritmos cognitivos que possam executar em computadores. Assim, essas duas correntes são de caráter filosófico e servem para refletir sobre os limites da tecnologia". (SILVA, Fabrício Machado da *et al*. *Inteligência Artificial*. Porto Alegre: SAGAH, 2019. p. 17).

[46] RUSSELL, Stuart; NORVIG, Peter. *Inteligência Artificial*. Trad.: Regina Célia Simille. Rio de Janeiro: LTC, 2021.

Fabrício Silva *et al.*, em ampla pesquisa a respeito da inteligência artificial, história, fundamentos e características da tecnologia, apresentam conceito aclarador a respeito da IA, levando em conta as diversas formas e áreas em que a tecnologia é empregada hoje:

> O termo "inteligência artificial" representa um software diferente dos demais, pois é inteligente e visa fazer os computadores realizarem funções que eram exclusivamente dos seres humanos, por exemplo, praticar a linguagem escrita ou falada, aprender, reconhecer expressões faciais etc. Seu campo tem um longo histórico e muitos avanços, como o reconhecimento de caracteres ópticos, que atualmente são considerados de rotina.[47]

De acordo com José Medina e João Martins, no campo do direito os sistemas de IA são criados a partir de necessidades de ordem prática, como a agilização do trâmite de processos judiciais, automatização de atividades burocráticas e repetitivas, padronização de rotinas e minimização de erros, além de que muitos desses sistemas (na área jurídica) empregam técnicas de raciocínio baseadas em casos, jurimetria e *analytics*.[48] Para Jairo Márquez Díaz, que escreve sobre o uso da inteligência artificial e do *"Big Data"* como soluções diante da crise sanitária provocada pela pandemia da Covid-19, a inteligência artificial seria: "[...] uma disciplina pertencente à ciência da computação, que levanta modelos computacionais de aprendizagem baseados em redes neurais biológicas humanas".[49]

Em uma abordagem mais objetiva, Juarez e Thomas Freitas propõem que a IA é um conjunto de algoritmos, os quais estão programados de ordem a cumprir objetivos específicos.[50] Os autores esclarecem que "o ponto crítico é que os algoritmos de aprendizagem na IA são organizados com maior complexidade do que na automação, pois não apenas seguem regras como

---

[47] SILVA, Fabrício Machado da *et al*. *Inteligência Artificial*. Porto Alegre: SAGAH, 2019. p. 13.
[48] MEDINA, José Miguel Garcia; MARTINS, João Paulo Nery dos Passos. A era da inteligência artificial: as máquinas poderão tomar decisões judiciais? *Revista dos Tribunais*, v. 1020, out., 2020. p. 2.
[49] MARQUEZ DIAZ, Jairo. Inteligencia artificial y Big Data como soluciones frente a la COVID-19. *Rev. Bioética y Derecho*, Barcelona, n. 50, p. 315-331, out. 2020.
[50] FREITAS, Juarez; FREITAS, Thomas Bellini. *Direito e inteligência artificial*: em defesa do humano. Belo Horizonte: Fórum, 2020.

também tomam decisões, aprendendo sozinhos sobre os dados colididos".[51]

Isto é, embora pressuponha um arranjo de algoritmos, a inteligência artificial é um sistema mais complexo, com o seguinte fator de distinção: a tomada de decisões. Os sistemas de IA tomam as decisões autonomamente, aprendem e não apenas reproduzem, criam e inovam dentro de um universo de possibilidades, assim como o próprio ser humano, dotado de intencionalidade e adaptabilidade.[52] Stuart Russell e Peter Norvig sustentam que são quatro os fundamentos da IA (hipóteses): a IA pode agir como um ser humano; a IA pensa como um ser humano; a IA pensa racionalmente; e a IA age racionalmente.[53] Isso explicita a necessidade de expor, conforme o fazem Fabiano Peixoto e Roberta da Silva, as três leis da IA de Bentley, que são: (1) "o desafio gera inteligência", pois a inteligência não se desenvolve sem a existência de problemas a serem solucionados; (2) "inexistência da lógica da quantidade", pois os desafios impõem conexões diversas, desenhos específicos; e, por fim, (3) "com o aumento da inteligência, há necessariamente o aumento do tempo necessário para testes", pois a dinâmica implica problemas de ordem prática.[54] Em um primeiro momento, a justaposição das ideias acima pode não restar clara, porquanto demanda o estudo de um dos principais aspectos da inteligência artificial: sua capacidade de aprendizado, o *machine learning*.

1.1.4 Aprendizado de máquina

Com a crescente complexidade dos problemas e o volume de dados a serem tratados computacionalmente, emergiu a necessidade

---

[51] FREITAS; FREITAS, 2020.
[52] Para Isaía Lopes *et al.* "sabe-se, de forma genérica, que um sistema inteligente é aquele que apresenta capacidades como: aquisição de conhecimentos; planejamento de eventos; resolução de problemas; representações de informações; armazenamento de conhecimento; comunicação através de linguagens coloquiais; aprendizado". (LOPES, I. L.; OLIVEIRA, F. A.; PINHEIRO, C.A.M. *Inteligência Artificial*. Rio de Janeiro: Elsevier, 2014. p. 1).
[53] RUSSELL, Stuart; NORVIG, Peter. *Inteligência Artificial*. Trad.: Regina Célia Simille. Rio de Janeiro: LTC, 2021.
[54] PEIXOTO, Fabiano Hartmann; SILVA, Roberta Zumblick Martins da. *Inteligência artificial e direito*. Curitiba: Alteridade, 2019. p. 54.

de ferramentas computacionais sofisticadas, autônomas, com grau menor de intervenção humana e independente de especialistas.[55] Cuida-se do chamado Aprendizado de Máquina (AM), um "processo de indução de uma hipótese (ou aproximação de função) a partir da experiência passada".[56] Como se viu e foi sublinhado até aqui, a capacidade de aprendizado é fundamental para a caracterização de um comportamento inteligente. Na AM, os computadores/programas são configurados para aprender com a experiência. Atividades como a observação e exploração de situações, apreensão de fatos e a memorização, além da criação e inovação para o conhecimento novo estão intimamente relacionadas ao aprendizado. Para tal,

> Empregam um princípio denominado indução, no qual se obtêm conclusões genéricas a partir de um conjunto particular de exemplos. Assim, os algoritmos de AM aprendem a induzir uma função ou hipótese capaz de resolver um problema a partir de dados que representam instâncias do problema a ser resolvido. Esses dados formam um conjunto, simplesmente denominado conjunto de dados.[57]

Facelli elenca exemplos de aplicações bem-sucedidas de técnicas de AM.[58] São elas: reconhecimento de palavras faladas; predição de taxas de cura de pacientes com diferentes doenças; condução de automóveis de forma autônoma em rodovias; ferramentas que jogam gamão e xadrez de forma semelhante a campeões; diagnóstico de câncer por meio da análise de dados de

---

[55] FACELLI, K; LORENA, A. C.; GAMA, J.; CARVALHO, A. *Inteligência artificial:* uma abordagem do aprendizado de máquina. Rio de Janeiro: LTC, 2011.
[56] Ibidem, p. 2.
[57] Ibidem, p. 3.
[58] Como adendo, registre-se as considerações de Wolfgang Hoffmann Riem a respeito do aprendizado de máquina: "O aprendizado de máquina é empregado para reconhecer padrões, avaliar e classificar imagens, traduzir linguagem para textos, produzir de maneira automatizada copiões de áudio e vídeo (por exemplo, 'robôs jornalistas') e coisas semelhantes. Possibilidades mais avançadas ainda de utilização da IA são designadas por algumas pessoas com o termo *deep learning* [aprendizado profundo]. Nesse caso, os sistemas de TI que operam mediante o emprego de redes neuronais dispõem da capacidade de, aprendendo, continuar a escrever por conta própria os programas digitais inicialmente desenvolvidos por seres humanos e, com isso, desenvolver-se independentemente da programação humana". (HOFFMANN RIEM, Wolfgang. Inteligência artificial como oportunidade para a regulação jurídica. *Direito Público*, Porto Alegre, v. 16, n. 90, p. 11-38, nov./dez. 2019, p. 12).

expressão gênica.[59] Ademais, conforme estudam Juarez e Thomas Freitas, há várias modalidades de *machine learning*. Os autores afirmam a existência do *supervised learning*, que seria o aprendizado supervisionado, o qual inclui a figura do "supervisor" (pessoa humana ou outra IA), que contribui na classificação de dados.[60] A modalidade compreende tanto os dados a serem examinados (*input*), quanto as classificações a serem seguidas (*output*). Ben Coppin tece as seguintes considerações a respeito do aprendizado supervisionado: "redes neuronais que usam aprendizado supervisionado aprendem ao modificarem os pesos das conexões de suas redes, para classificar mais precisamente os dados de treinamento.[61]

No aprendizado não-supervisionado ou *unsupervised learning* a figura do supervisor é ausente, ocasião em que a IA aprende a lidar com os dados brutos, sem *input* ou *output* definido.[62] Tal modalidade é empregada com o objetivo de estabelecer ordem e parâmetros em dados quando eles estão desorganizados, cabendo à IA estabelecer as categorias.[63] Exemplificando a dinâmica desta modalidade de *machine learning* tomando o mapa de Kohonen como exemplo, Ben Coppin esclarece que

> Métodos de aprendizado não supervisionado aprendem sem qualquer intervenção humana. Um bom exemplo de uma rede de aprendizado não supervisionado é um mapa de Kohonen. Um mapa de Kohonen é uma rede neuronal que é capaz de aprender a classificar um conjunto de dados de entrada sem ter sido informada sobre quais são as classificações e sem receber quaisquer dados de treinamento. Este método é particularmente útil em situações nas quais os dados precisem ser classificados ou agrupados em um conjunto de classificações, mas onde as classificações não são conhecidas previamente. Por exemplo, dado um conjunto de documentos recuperados na Internet (talvez por um agente inteligente de informação), um mapa de Kohonen poderia agrupar documentos semelhantes e fornecer automaticamente uma indicação dos diferentes assuntos abordados pelos documentos.[64]

---

[59] Idem.
[60] FREITAS; FREITAS, 2020.
[61] COPPIN, 2013, p. 248.
[62] FREITAS; FREITAS, 2020.
[63] Idem.
[64] COPPIN, 2013, p. 248.

Há ainda a aprendizagem por esforço (*reinforcement learning*), espécie que interage com o ambiente por intermédio de tentativas e erros – recorde-se dos *engines* do xadrez e do *Go*, por exemplo.[65] Sistemas desta estirpe recebem um reforço positivo ao operar corretamente e um reforço negativo ao operar de forma incorreta, sem especificar o porquê ou como agiu, apenas se agiu de forma correta ou não, "Por exemplo, um agente robótico aprenderia por aprendizado com reforço a pegar um objeto. Quando ele pegar o objeto corretamente, receberá um reforço positivo".[66]

No *deep learning*, o sistema de IA aprende de modo semelhante às redes neurais humanas, por representações de dados de alta abstração.[67] Importante situar que o referido tipo de aprendizado de máquina é potencialmente primordial ao diagnóstico precoce de ataque cardíaco, derrame e câncer.[68] O *deep learning* seria "o campo de codificação algorítmica com uso das técnicas de redes neurais artificiais, que imitam o cérebro".[69]

Percebe-se que a IA tem o potencial de contribuir positivamente para o desenvolvimento de diversas áreas do conhecimento, seja acelerando processos, seja tornando eventual análise mais precisa e efetiva. Verificou-se, por exemplo, algumas contribuições para o campo da saúde. A IA tem sido cogitada e aplicada no âmbito de processos judiciais e na administração pública, conforme será explorado nos capítulos subsequentes. Neste ponto, entretanto, é relevante elucidar sua aplicação em outras áreas, tamanha sua importância e inevitabilidade na sociedade contemporânea.

Aplica-se as tecnologias oriundas da IA, ilustrativamente, na Mineração de Dados (MD). Segundo Facelli, a mineração de dados "consiste em extrair ou 'minerar' conhecimento a partir de grandes quantidades de dados",[70] buscando extrair conhecimento inovador.

---

[65] Op. cit.
[66] COPPIN, 2013, p. 249.
[67] Op. cit.
[68] FREITAS, Juarez; FREITAS, Thomas Bellini. *Direito e inteligência artificial*: em defesa do humano. Belo Horizonte: Fórum, 2020.
[69] SILVA, Fabrício Machado da *et al. Inteligência Artificial*. Porto Alegre: SAGAH, 2019, p. 18. Veja-se que, neste ponto, o autor distingue *machine learning* que em sua visão seria "o aprendizado de máquinas que substitui a codificação algorítmica por seres humanos", do *deep learning* cujo conceito está supratranscrito.
[70] FACELLI, K; LORENA, A. C.; GAMA, J.; CARVALHO, A. *Inteligência artificial*: uma abordagem do aprendizado de máquina. Rio de Janeiro: LTC, 2011.

Para o autor, as técnicas de aprendizado de máquina estão entre as mais empregadas na mineração de dados. Os modelos gerados conforme esses dados podem auxiliar na tomada de decisões gerenciais como, por exemplo, no comércio, na definição de que produtos podem ser comercializados simultaneamente para aumentar as vendas.[71] Aplica-se as tecnologias advindas da IA também na Mineração de Textos (MT), que ocorre quando os dados em análise se apresentam em forma de textos. Nesse modo, os textos precisam ser pré-processados para então serem convertidos em formas estruturadas de dados. Assim, o sistema de IA, de posse de dados no formato atributo-valor e com a utilização das técnicas de AM, podem ser utilizados na extração de informação relevantes de textos.[72]

Campo ainda mais propício à tecnologia é a robótica. Objetivamente, a robótica é o campo do conhecimento que se refere ao estudo e uso de robôs. A respeito do que seria, então, um robô, a *Encyclopædia Britannica* define o seguinte: "um robô é uma máquina que faz tarefas sem a ajuda de seres humanos. Embora muitas pessoas achem que os robôs parecem humanos e agem como pessoas, a maioria deles tem aparência bem diversa e só executa funções previamente programadas".[73] Turban e Frenzel afirmam que os robôs podem ser divididos em duas classes: a primeira é a dos robôs pré-programados na realização de tarefas específicas (robôs de indústrias automotivas); a segunda é a constituída por robôs inteligentes, os quais utilizam técnicas de inteligência artificial na percepção do ambiente e na realização de suas tarefas.[74] De acordo com Facelli, os primeiros robôs autômatos surgiram na década de 1940 (*machina* de Grey Walter e a criatura de John Hopkins).[75]

Na atualidade, é muito comum vislumbrar diariamente o desenvolvimento de robôs inteligentes, inclusive em formatos

---

[71] Idem.
[72] FACELLI, K; LORENA, A. C.; GAMA, J.; CARVALHO, A. *Inteligência artificial:* uma abordagem do aprendizado de máquina. Rio de Janeiro: LTC, 2011.
[73] ENCYCLOPÆDIA BRITANNICA. Robô. *Brittanica Escola.* Disponível em: https://escola.britannica.com.br/artigo/rob%C3%B4/482381. Acesso em: 14 fev. 2021.
[74] TURBAN, E.; FRENZEL, L. E. *Expert systems and applied Artificial Intelligence.* Prentice Hall College Div, 1992.
[75] FACELLI, K; LORENA, A. C.; GAMA, J.; CARVALHO, A. *Inteligência artificial:* uma abordagem do aprendizado de máquina. Rio de Janeiro: LTC, 2011.

humanoides, os quais já ocupam cargos de garçom, servem como assistentes e até mesmo para a realização de debates, como o *IBM Project Debater*. Nesse contexto, o âmbito jurídico também não ficou de fora: sistemas inteligentes já são capazes de realizar a tomada de decisões judiciais[76] e auxiliar em diversas atividades forenses e administrativas. Há que se verificar, portanto, as possíveis cedências entre inteligência artificial e direito.

Concebe-se uma tendência crescente em movimentos disruptivos no tradicional mercado jurídico. Segundo Fabiano Peixoto e Roberta da Silva, é perceptível a alteração ou a potencial tendência nas estratégias de escritórios de advocacia, tanto na questão relativa à atuação contenciosa ou consultiva, como na estruturação interna.[77] Um segundo movimento citado pelos autores é o de transformações na administração da justiça, encabeçada exponencialmente pelo Poder Judiciário.[78] É assentada a necessidade de realizar tarefas de forma mais diligente, notadamente em atenção aos mandamentos de duração razoável do processo.[79] O terceiro movimento, para os autores, dependerá de uma compressão ética, *accountability*, *compliance*, autorregulação e regulação, pois ensejaria a criação de uma disciplina jurídica com a lógica e fundamentos da IA.[80] Em atenção ao *Reading Group* de Jack Bakin e pesquisadores da Universidade de Yale, Fabiano Peixoto e Roberta da Silva citam as seguintes tendências para a IA e o Direito:

> a) Propedêutica *LawTech*: um viés propedêutico, em razão da existência de um *gap* conceitual, isto é, há ainda um espaço propedêutico para uma melhor interação entre IA e Direito. Para tanto, há a necessidade de se compreender melhor as questões básicas da tecnologia, as fundações e bases tecnológicas para se seguir em frentes.
>
> b) Teoria Geral de um Direito disruptivo: parâmetros de personalidade, capacidade e estruturas obrigacionais, posto que há concretamente

---

[76] RODAS, Sérgio. Algoritmos e IA são usados para que robôs decidam pequenas causas. *Consultor Jurídico*, [s. l.], 27 out. 2019. Disponível em: https://www.conjur.com.br/2019-out-27/algoritmos-ia-sao-usados-robos-decidam-pequenas-causas. Acesso em: 01 ago. 2021.

[77] PEIXOTO, Fabiano Hartmann; SILVA, Roberta Zumblick Martins da. *Inteligência artificial e direito*. Curitiba: Alteridade, 2019.

[78] Idem.

[79] Idem.

[80] Idem.

uma demanda em termos de entendimento sobre os parâmetros de responsabilidade. Para tanto, a ideia de responsabilidade e robótica é muito mais complexa e ramificada do que parece ser.

c) Transparência, *Accountability*: de acordo com Paul de Laat (2017), há muitas questões que envolvem transparência.

d) Direito e ética: há questões importantes sobre discriminação, manipulação, parcialidade, preconceitos associados à máquina (Direito e Ética).

e) Paradigmas para o devido processo legal. A professora Danielle Keats Citron (*University od Maryland, Yale University* e *Stanford Law School*), em 2014, realizou um estudo sobre os problemas do sistema *Financial risk scoring*, e apontou especialmente os problemas da opacidade, da arbitrariedade de critérios e conclusões, associadas à discricionariedade, da discrepância de impactos, associada a uma profunda desigualdade e imprevisibilidade do impacto da sua aplicação de correlações e inferência automatizadas.[81]

Isto é, são inúmeros os campos abertos para as intersecções entre inteligência artificial e Direito. No Brasil, começam a surgir projetos de pesquisa, artigos científicos e grupos de estudos a respeito da temática no campo jurídico. As ilações, porém, são mais reflexivas e propositivas do que sólidas considerações, especialmente pela novidade da área e a necessidade de paulatina adaptabilidade de um campo do conhecimento tão tradicional como o Direito. Imperativo, pois, cotejar os temas jurídicos pertinentes com as propostas disruptivas já observáveis no Direito brasileiro. Ocorre que, antes, há a necessidade de se ruminar e se situar o desenvolvimento tecnológico na sociedade contemporânea: a sociedade de riscos.

1.2 IA na sociedade global, tecnológica e de risco

Não se questiona que, na atualidade, vivemos em um mundo globalizado. A lógica de mercado e desenvolvimento vigente permitem um intercâmbio de pessoas, ideias e inovações mundialmente e em curto espaço de tempo. Ocorre que, da mesma forma que o que

---

[81] Ibidem, p. 59.

é benéfico tem circulação facilitada no mundo atual, a face ruim do crescimento econômico e do "desenvolvimento a qualquer custo" disseminam suas consequências. As tecnologias têm o objetivo de facilitar a vida humana, mas o seu desenvolvimento precisa ser lido de uma maneira holística, pois apenas olhando para o todo será possível mitigar os efeitos da sociedade global, tecnológica e de riscos na qual o indivíduo está inserido hoje. Neste ponto, discorrer-se-á a respeito da sociedade de risco diagnosticada por Ulrich Beck, além das consequências e tendências da inteligência artificial no direito na conjuntura atual.

1.2.1 Sociedade global, tecnológica e de riscos

Segundo Ulrich Beck, em sua obra *Sociedade de risco: rumo a uma outra modernidade,* na modernidade tardia a produção social de riqueza foi acompanhada pela produção social de riscos. Assim, aos problemas distributivos da sociedade da escassez somam-se a produção, definição e distribuição de riscos científico-tecnologicamente produzidos.[82] Essa mudança/passagem de lógica está ligada historicamente a duas condições: (1) a redução objetiva e o isolamento social da autêntica carência material; (2) o desencadeamento de riscos e potenciais de autoameaça numa medida até então desconhecida.[83] Nesse sentido, o conceito de sociedade industrial e de classes na concepção marxista e weberiana, segundo o autor, que gira em torno da forma socialmente desigual mas ao mesmo tempo "legítima" de distribuição de riquezas, é relativizado pelo novo paradigma da sociedade de risco, que se centra na questão de evitar que as ameaças e riscos sistematicamente coproduzidos no processo tardio de modernização sejam minimizados diante dos seus "efeitos colaterais latentes", de modo que não comprometam o processo de modernização e nem as fronteiras do que é "aceitável".[84]

---

[82] BECK, Ulrich. *Sociedade de risco:* rumo a uma outra modernidade. Trad.: Sebastião Nascimento. São Paulo: Editora 34, 2010.
[83] Idem.
[84] Idem.

Esses problemas, de acordo com Beck, decorrem do desenvolvimento técnico-econômico, o que faz com que o processo de modernização seja "reflexivo", paradoxalmente sendo tema e problema: ao uso e desenvolvimento das novas tecnologias se sobrepõem questões de manejo político e científico dos riscos de tecnologias (administração, prevenção).[85][86] O autor pontua que nos Estados de Bem-Estar Social, altamente desenvolvidos no ocidente, em lugar da "fome" surgem para muitas pessoas os "problemas" do "excesso de peso" e, então, o processo de modernização é privado do seu fundamento de legitimidade, qual seja, o combate à miséria gritante.[87]

Ao mesmo tempo, dissemina-se a consciência de que as fontes de riqueza possuem "ameaças colaterais" e as "forças destrutivas" do processo de modernização acabam sendo desencadeadas. Cresce, assim, uma crítica gradual da modernização, definindo os rumos das discussões públicas.[88] Cedo ou tarde, segundo Beck, a continuidade dos processos de modernização implica a convergência de conflitos sociais de uma sociedade que "distribui riqueza" com os de uma sociedade que "distribui riscos". O autor assume que o conceito de risco empregado em sua obra tem uma importância sócio-histórica pelo fato de esses riscos de que trata serem situações de ameaça global (como a fissão nuclear e o acúmulo de lixo nuclear).[89] Comparando a situação de higiene das cidades medievais, Beck afirma que os riscos civilizatórios atuais escapam à percepção, ficando na

---

[85] Idem.

[86] Embora se possa pensar, a partir de Beck, a respeito da validade contemporânea do alerta de Stuart Russell e Peter Norvig, cumpre-se consignar: "Até agora, concentramos nossa atenção no fato de podermos ou não desenvolver a IA, mas também devemos considerar se devemos ou não fazer isso. Se os efeitos da tecnologia de IA tiverem maior probabilidade de serem negativos do que positivos, será uma questão de responsabilidade moral dos trabalhadores no campo redirecionar sua pesquisa. Muitas tecnologias novas tiveram efeitos colaterais negativos não pretendidos: a fissão nuclear trouxe Chernobyl e a ameaça de destruição global; o motor de combustão interna trouxe a poluição do ar, o aquecimento global e a pavimentação do paraíso. Em certo sentido, os automóveis são robôs que conquistaram o mundo tornando-se indispensáveis". (RUSSELL, Stuart; NORVIG, Peter. *Inteligência Artificial*. Trad.: Regina Célia Simille. Rio de Janeiro: LTC, 2021, p. 882).

[87] BECK, Ulrich. *Sociedade de risco:* rumo a uma outra modernidade. Trad.: Sebastião Nascimento. São Paulo: Editora 34, 2010.

[88] Idem.

[89] Idem.

esfera das fórmulas físico-químicas, como as toxinas nos alimentos e a ameaça nuclear.[90]

Hoje, a causa desses problemas é uma superprodução industrial, e há também uma globalidade de seu alcance (ser humano, fauna, flora) e de suas causas modernas.[91] Beck afirma que os riscos do desenvolvimento industrial sempre foram antigos (vide século XIX), mas os riscos contemporâneos ameaçam a vida no planeta, sob todas as suas formas.[92] Os perigos das forças produtivas químicas e atômicas suspendem um modo de pensar dual na dicotomia espaço e tempo, trabalho e ócio etc. A partir disso, Beck adianta suas cinco teses:

> (1) Os riscos diferenciam-se das riquezas e desencadeiam danos irreversíveis, são invisíveis e estão abertos a processos sociais de definição.
>
> (2) O incremento e a distribuição dos riscos fazem surgir situações de ameaça, que acompanham a desigualdade de posições sociais, mas fazendo valer uma lógica distributiva distinta: os riscos da modernização acabam por atingir aqueles que os produziram ou que lucram com eles: chama-se de efeito bumerangue.
>
> (3) Nesse contexto, a lógica capitalista de desenvolvimento é levada a um novo estágio. Afirma que os riscos civilizatórios são infinitos e autoproduzíveis. A sociedade industrial produz as situações de ameaça e o potencial político da sociedade de risco.
>
> (4) O conhecimento passa a adquirir uma nova relevância política porquanto o potencial político da sociedade de risco é analisado numa sociologia e numa teoria do surgimento e da disseminação do conhecimento sobre os riscos – a consciência determina a existência.
>
> (5) A disputa definitória dos riscos não se trata apenas de problemas de saúde, mas dos efeitos colaterais sociais, econômicos e políticos desses efeitos colaterais: perdas de mercado, depreciação do capital, perda de prestígio etc. Emerge nesse passo o potencial político das catástrofes.[93]

Na mesma linha de Beck, Gabriel Ferrer e Paulo Cruz compreendem que a sociedade contemporânea enfrenta hoje riscos

---

[90] Idem.
[91] Idem.
[92] Idem.
[93] Idem.

difusos.[94] E os riscos tecnológicos são habitualmente associados a determinados eventos, como as catástrofes de Séveso (1976), Bhopal (1984) ou Chernobil (1986), com perda significativa de vidas humanas, impactos ambientais e efeitos econômicos.[95] Segundo os autores, para reduzir esses riscos, reagiu-se "[...] normativamente e foram melhoradas as técnicas e protocolos. No entanto, salvo exceções, não foram enfrentados eficazmente os riscos difusos, cujos potenciais efeitos prejudiciais são infinitamente mais altos".[96] Outrossim, "os âmbitos nos quais a tecnologia gera riscos de difícil concreção são muitos, mesmo que uma boa parte deles, se não todos, tenha a ver com a manipulação dos elementos básicos da matéria [...]".[97]

O que se percebe, entretanto, é uma sofisticação dos riscos, sutileza tão perigosa quanto as catástrofes, porque a disseminação, por exemplo, das tecnologias sem refletir sobre os riscos associados aos envolvidos e ao desenvolvimento em longo prazo, é passível de provocar profundas mudanças nas relações e no modo de se proceder.

Percebe-se que, diferente de Schwab, Beck não anuncia o início de uma revolução, enfatizando os riscos associados ao desenvolvimento. Em comparação a Beck, Schwab pode ser visto como um otimista, referindo que, a seu ver, nem tudo seria tão sombrio, muito embora seja possível identificar que ambos compreendem que o momento é tão potencialmente promissor como perigoso.[98] Assim como Beck, Schwab

> considera que a profunda incerteza que rodeia o desenvolvimento e a adoção de tecnologias emergentes significa que ainda não se conhecem os desdobramentos das transformações gerados por essa revolução industrial. Neste cenário, também apela pelo trabalho coletivo de todos os *stakeholders* da sociedade global – governos, empresas, universidades

---

[94] FERRER, Gabriel Real; CRUZ, Paulo Márcio. Direito, sustentabilidade e a premissa tecnológica como ampliação de seus fundamentos. *Int. Públ. – IP*, Belo Horizonte, a. 17, n. 94, p. 27-54, nov./dez. 2015.
[95] Ibidem, p. 45.
[96] FERRER; CRUZ, 2015, p. 45.
[97] Idem.
[98] ENGELMANN, Wilson; WILLIG, Júnior Roberto. Riscos da inovação: a busca de parâmetros éticos no direito da inovação brasileiro. *Int. Públ. – IP*, Belo Horizonte, a. 19, n. 106 p. 183-209, nov./dez. 2017. p. 189.

e sociedade civil – para entender melhor as tendências emergentes. Pois, entende que a tecnologia não é uma força externa sobre a qual não se tem nenhum controle, ou seja, a sociedade não está limitada por uma escolha binária entre "aceitar e viver com ela" ou "rejeitar e viver sem ela".[99]

Wilson Engelmann e Júnior Willig, em trabalho sobre os riscos da inovação, afirmam que as legislações dos países, inclusive a brasileira, geralmente não se preocupam em fazer referência à responsabilidade ética no processo de inovação.[100] Em capítulo de livro acerca do tema, Daniel Ferreira articula que a sociedade do século XXI é global, tecnológica e induvidosamente frisada pelos riscos.[101] Na mesma linha, Sara Andrade compreende que as novas tecnologias de informação devem ser consideradas contemporaneamente em um espaço ou ambiente global.[102] Para Ferreira,

> Por se concretizar como global e tecnológica, a sociedade do século XXI mostra-se, ademais, como uma verdadeira sociedade de riscos. Isto é, a percepção de que hoje se vive numa sociedade "diferente" pode ser explicada pelas distintas sensações de bem-estar ou de mal-estar e de segurança ou de insegurança que acometem as pessoas mundo afora quando confrontadas com outras experimentadas em tempos mais remotos.[103]

Conforme assevera Andreza Baggio, o termo "risco" associa-se à problematização do futuro, cuja análise enseja a consideração de aspectos objetivos e suas consequências sociais.[104] O (amplo) objeto de investigação da presente dissertação é justamente, partindo do pressuposto de inevitabilidade dos riscos, trabalhar com os limites,

---

[99] Idem.
[100] Ibidem.
[101] FERREIRA, Daniel. O papel do Estado e da Administração Pública em relação às liberdades fundamentais na sociedade global, tecnológica e de risco: possibilidades, limites e controle. *In*: GOMES, Carla; NEVES, Ana; BITENCOURT NETO, Eurico (Coord.). *A prevenção da corrupção e outros desafios à boa governação da Administração Pública*. Lisboa: Instituto de Ciências Jurídico-Políticas, 2018. p. 192.
[102] ANDRADE, Sara. A informação na sociedade contemporânea: uma breve abordagem sobre a sociedade da informação, o fenômeno global e a mundialização da cultura. *Revista UNI-RN*, v. 1, n. 1, p. 207, ago. 2008.
[103] Op. cit., p. 195.
[104] BAGGIO, Andreza Cristina. A sociedade de risco e a confiança nas relações de consumo. *Revista de Direito Econômico e Socioambiental*, Curitiba, v. 1, n. 1, p. 127-147, jan./jun. 2010.

possibilidades e impactos da inteligência artificial na decisão jurídica, com o intuito de dissertar a respeito dos caminhos à possível mitigação dos efeitos negativos das tecnologias advindas da IA no direito. Nas linhas seguintes, trabalha-se com as consequências e impactos de modo abrangente.

1.2.2 Consequências e impactos da IA

Na sociedade global, tecnológica e de riscos, conforme preconizado por Beck, os riscos são igualmente distribuídos, e o efeito *boomerang* não permite que mesmo o perpetrador dos riscos se exima dos seus efeitos. Exemplo contundente é o da disseminação de doenças, cada vez mais global e de difícil mitigação, como no caso da recente pandemia do coronavírus (SARS-CoV-2), que, embora não seja o único exemplo histórico de crise sanitária mundial, escancarou os riscos da sociedade global. Mas, para os fins da presente dissertação, é possível raciocinar a partir da própria inteligência artificial: embora extremamente louvável o desenvolvimento tecnológico e científico que as máquinas inteligentes tiveram nas últimas décadas, os riscos inerentes a este desenvolvimento também são previsíveis: diminuição de empregos para os seres humanos,[105] com consequente aumento de desemprego; automatização de atividades, inclusive da tomada de decisões; além dos "danos imprevisíveis" que, no futuro, os sistemas de IA podem e com certeza replicarão; impactos socioeconômicos.

Antônio Bahury Lanna disserta a respeito dos potenciais impactos socioeconômicos da inteligência artificial.[106] O reflexo imediato da implantação da IA na indústria, por exemplo, é o aumento da produtividade (quase que instantâneo), consequentemente o aumento da riqueza e o aumento da demanda total por emprego.[107] Com o aumento da produtividade, explica Lanna, os custos de produção de um bem econômico caem, ocorrendo um consequente

---

[105] FELDMANN, Paulo. Seu emprego vai para um robô. *Arquivos do Instituto Brasileiro de Direito Social Cesarino Junior*, São Paulo, v. 43, p. 9-19, 2019.

[106] LANNA, Antônio Bahury. Os impactos socio-econômicos da inteligência artificial. *Contextura*, Belo Horizonte, n. 12, jun. 2018, p. 21-30.

[107] Idem.

aumento na demanda; esse aumento de demanda concomitante à criação de setores inéditos seria o responsável por criar novos postos de trabalho.[108] Ocorre que, diferentemente do que se percebe com o advento de outras inovações, com o desenvolvimento das tecnologias advindas da inteligência artificial os postos de trabalho são ameaçados.[109] Ainda, Lanna preceitua que as tecnologias advindas da IA contribuem para a diminuição dos salários da população de baixa e média qualificação, pois as funções exercidas por esta população são mais automatizáveis e substituíveis por máquinas.[110]

Klaus Schwab, em obra a respeito da Quarta Revolução Industrial, expõe o relatório da pesquisa "Mudança profunda – pontos de inflexão tecnológicos e impactos sociais" publicado em setembro de 2015. Neste ponto de sua obra, Schwab reproduz as 21 mudanças tecnológicas apresentadas no estudo e duas adicionais, com pontos de inflexões dessas tecnologias e as datas esperadas de sua chegada ao mercado. No que diz respeito à inteligência artificial e a tomada de decisões, o autor aponta como ponto de inflexão "a primeira máquina com IA a fazer parte de um conselho de administração até 2025", ao passo que 45% dos entrevistados esperam que este ponto de inflexão ocorra;[111] Klaus Schwab assevera que "além de dirigir carros, a IA pode aprender a partir de situações anteriores para apresentar sugestões e automatizar os processos futuros de decisões complexas, facilitando e tornando mais rápidas as conclusões concretas com base em dados e experiências passadas".[112] Acerca dos impactos positivos e negativos, pode se verificar o seguinte:

Impactos positivos

- Decisões racionais, orientadas por dados; menos viés.
- Eliminação da "exuberância irracional".

---

[108] Idem.
[109] Idem.
[110] Idem.
[111] SCHWAB, Klaus. *A Quarta Revolução Industrial*. Trad.: Daniel Moreira Miranda. São Paulo: Edipro, 2016.
[112] Ibidem, p. 40.

- Reorganização das burocracias ultrapassadas.
- Ganhos no trabalho e inovação.
- Independência energética.
- Avanços na ciência médica, a erradicação de doenças.

Impactos negativos

- Prestação de contas (quem é o responsável direitos fiduciários, questões jurídicas).
- Perdas de trabalho.
- *Hacking*/cibercrime.
- Responsabilização, governança.
- Tornar-se incompreensível.
- Aumento da desigualdade.
- "Infringir o algoritmo".
- Ameaças existenciais para a humanidade.[113]

Percebe-se um ponto paradoxal nos impactos supra relatados: ao mesmo tempo em que se pontua as vantagens da inovação tecnológica para o mercado de trabalho em tecnologia, não se pode ignorar a perda dos postos de trabalho existentes.[114] E a problemática jurídica acima pontuada pelo autor como um impacto negativo é justamente o ponto nodal para a presente pesquisa, muito embora o espectro seja abrangente.

Fazendo menção ao "ConceptNet 4", que se trata de uma rede semântica de inteligência artificial, o autor afirma que em teste de QI recente o sistema se sagrou melhor que a maioria das crianças de 4 anos, e espera-se que a próxima versão tenha as habilidades verbais de uma criança de cinco e seis anos.[115] Schwab cita diversas fontes de notícia para defender que a mudança está em ação, como no caso da *Deep Knowledge Ventures*, fundo de capital de risco de Hong Kong que nomeou para o seu conselho de administração um algoritmo de inteligência artificial chamado *Validating Investment Tool for Advancing Life Sciences* –

---

[113] Ibidem, p. 140-141.
[114] Cf.: FERNANDES, Gilberto L. Direito e Ciência de dados: tendências e impactos da Quarta Revolução Industrial. *In*: PINTO, H. A; GUEDES, J. C.; CERQUEIRA, J. P. (Coord.) *Inteligência artificial aplicada ao processo de tomada de decisões*. Belo Horizonte: D'Plácido, 2021. p. 247-280. p. 275.
[115] SCHWAB, Klaus. *A Quarta Revolução Industrial*. Trad.: Daniel Moreira Miranda. São Paulo: Edipro, 2016.

Ferramenta de Validação de Investimentos para o Avanço das Ciências Biológicas.[116]

Ainda acerca da IA, outro ponto de inflexão retratado pelo autor, mas desta vez a respeito das funções administrativas, diz respeito a um ponto de inflexão em que se afirma que 30% das auditorias corporativas serão realizadas por IA e, até 2025, 75% dos entrevistados esperam que esse ponto de inflexão ocorra. Segundo Schwab, "a IA é boa para fazer correspondência de padrões e automatizar processos, o que torna a tecnologia interessante para muitas funções em grandes organizações. É possível visualizarmos um ambiente futuro em que a IA poderá substituir várias funções desempenhadas hoje por pessoas".[117] [118] Acerca dos impactos positivos e negativos, pode-se verificar o seguinte:

Impactos positivos

- Reduções dos custos.
- Ganhos em eficiência.
- Desbloqueio das inovações, oportunidades para pequenas empresas, *startups* (menores barreiras à entrada, "*software* como um serviço para tudo).

Impactos negativos

- Perdas de trabalho.
- Prestação de contas e responsabilidade.
- Mudanças legais, de relatos financeiros, riscos.
- Automação do trabalho (consulte o estudo da Oxford Martin).[119]

Novamente, é impossível ignorar os efeitos nocivos aos postos de trabalho então existentes, e esse diagnóstico, levando em conta a crescente adoção dos sistemas de IA pelo Poder Judiciário e Administração Pública, possivelmente serve para a estrutura de

---

[116] Idem.
[117] Ibidem, p. 141.
[118] Cf. FERNANDES, Gilberto L. Direito e Ciência de dados: tendências e impactos da Quarta Revolução Industrial. *In*: PINTO, H. A; GUEDES, J. C.; CERQUEIRA, J. P. (Coord.) *Inteligência artificial aplicada ao processo de tomada de decisões*. Belo Horizonte: D'Plácido, 2021. p. 247-280.
[119] SCHWAB, Klaus. *A Quarta Revolução Industrial*. Trad.: Daniel Moreira Miranda. São Paulo: Edipro, 2016. p. 143.

servidores públicos em geral, cujos cargos e funções igualmente tendem a ser gradativamente substituídos por sistemas inteligentes. Nesse sentir, acrescenta-se que outro impacto negativo no uso da IA diz respeito à equidade decisória, notadamente as decisões algorítmicas, algumas delas resultados de complexos sistemas de IA. Maria Andrade e Beatriz Rosa compreendem que o impacto da IA em relação à prática jurídica será de desenvolvimento contínuo, com benefícios da aplicação das novas tecnologias em um contexto *legal tech*, com o uso de ferramentas como o sistema E-SAJ.[120]

Conforme verificado no início deste capítulo, vive-se na era dos algoritmos, muito embora eles não sejam exatamente novos na sociedade. Os arranjos algorítmicos é que comporão os sistemas mais complexo, como os sistemas de Inteligência Artificial. Os algoritmos podem ser usados para definir perfis pessoais, profissionais, de consumo, de crédito ou referentes a aspectos da personalidade, expressões encontradas, aliás, na recentíssima Lei Geral de Proteção de Dados brasileira – Lei 13.709, de 14 de agosto de 2018. O manejo e o uso de dados pessoais pelos sistemas de IA é outro impacto a ser avaliado, com a necessidade de adoção de parâmetros preventivos com o fim de evitar violações de dados.

Acerca dos problemas de programação, algoritmos e discriminação de dados, um exemplo relativamente conhecido é o da robô Tay,[121] um perfil de inteligência artificial criado pela *Microsoft* para interagir com usuários do *Twitter*. Tay foi retirada do ar em 24 horas, após se perceber que, ao lidar com o conteúdo de diversos usuários (humanos) que com ela interagiam na rede social, a robô passou a reproduzir, em suas publicações, o comportamento inadequado e os preconceitos dos usuários, com frases racistas e misóginas. As postagens dos demais perfis do *Twitter* foram captadas e tratadas pelos algoritmos de Tay como representativos de um comportamento-padrão, ou "normalizado". Algoritmos podem também confirmar e naturalizar preconceitos, a depender de quais sejam seus *inputs* e de como os processarão.

---

[120] ANDRADE, Mariana Dionísio de; ROSA, Beatriz de Castro; PINTO, Eduardo Régis Girão de Castro. Legal tech: analytics, inteligência artificial e as novas perspectivas para a prática da advocacia privada. *Revista Direito GV*, São Paulo, v. 16, n. 1, jan./abr. 2020.

[121] Idem.

1.2.3 Tendências de mudanças no ambiente jurídico pela IA

Fabiano Peixoto e Roberta Silva relatam que os estudos de IA são repletos de experimentos midiáticos, situação que não muda na relação com o Direito.[122] Citando experimento realizado e auditado por professores de Direito da *University of Southern California* e da *Stanford University*, no qual foram colocados de frente o *LawGeex* e vinte renomados advogados para realizarem a tarefa de identificar problemas em cinco acordos empresariais de confidencialidade, os autores destacam que, em termos de performance, o *LawGeex* teve um nível de precisão de 94% em comparação com 85% para os vinte advogados, sem contar o fator tempo em que os advogados, em média, levaram noventa e dois minutos para realizar a revisão dos cinco acordos, ao passo que o *LawGeek* consumiu apenas vinte e seis segundos para a mesma tarefa.[123]

Percebe-se que os estudos com a Inteligência Artificial e o Direito vêm quebrando paradigmas antes impensáveis.[124] Isso não quer significar que o *software* seja melhor que o advogado, porque a competição tratou apenas de parte das competências e habilidades de um advogado, mas que a IA pode contribuir, ao menos por enquanto, de forma a agilizar as tarefas e permitir a dedicação e concentração profissionais do advogado em atividades mais complexas e relevantes.[125] [126]

No caso da pesquisa, Fabiano Peixoto e Roberta Silva explicam como o funcionamento do *software* se deu: são basicamente dois tipos de ferramentas: a primeira faz o que o *LawGeex* executou, ou seja, a análise e revisão de documentos jurídicos, com a utilização do processamento de linguagem

---

[122] PEIXOTO, Fabiano Hartmann; SILVA, Roberta Zumblick Martins da. *Inteligência artificial e direito*. Curitiba: Alteridade, 2019.

[123] Idem.

[124] Idem.

[125] Idem.

[126] Cf. FERNANDES, Gilberto L. Direito e Ciência de dados: tendências e impactos da Quarta Revolução Industrial. *In*: PINTO, H. A; GUEDES, J. C.; CERQUEIRA, J. P. (Coord.) *Inteligência artificial aplicada ao processo de tomada de decisões*. Belo Horizonte: D'Plácido, 2021. p. 247-280. p. 275.

natural para identificação de termos e cláusulas com base nas preferências e hábitos do advogado envolvido, as quais podem ser muito úteis na fase de consultoria e análise de riscos de inadimplemento contratual ou de obrigações, assim como em processos de negociação;[127] a segunda ferramenta utiliza sistema supervisionado ou não supervisionado de *machine learning* para analisar a grande quantidade de dados em documentos, de modo a fornecer informações estratégicas no planejamento jurídico, sendo muito útil, a exemplo, em auditorias.[128] Para escritórios de advocacia,[129] o e-*discovery* se mostra como mecanismo de utilidade ímpar. Segundo Marcus Myers, os processos de pesquisa e busca para a obtenção de dados com o objetivo de utilizá-los em um processo judicial é importante por razões gerenciais, legais, de comunicação, deontológicas e tecnológicas.[130]

Isto é, conforme aventado, na sociedade global, tecnológica e de riscos, não existe forma de se evitar as mudanças ou a incidência dos riscos: há apenas o esforço de mitigação dos efeitos negativos e uma tentativa de maximização dos positivos. Desta forma, o advogado não pode fugir da inteligência artificial por considerar um tema complexo e ainda alheio, porque, na verdade, a realidade disruptiva já está presente e tomará cada vez mais espaço.

Em setembro do ano de 2018 ocorreu a *European Commission for the Efficiency of Justice (CEPEJ)*, em Riga, na Letônia, cujo escopo foi discutir IA a serviço do Judiciário, e abrangeu discussões a respeito dos prazos para a prestação jurisdicional, justiça preditiva, eficácia da mediação, qualidade da prestação, mecanismos de cooperação e dilemas éticos, a partir de um pressuposto de sinergia, e não de sujeição às tecnologias advindas

---

[127] Op. cit.

[128] PEIXOTO, Fabiano Hartmann; SILVA, Roberta Zumblick Martins da. *Inteligência artificial e direito*. Curitiba: Alteridade, 2019.

[129] Cf. FERNANDES, Gilberto L. Direito e Ciência de dados: tendências e impactos da Quarta Revolução Industrial. *In*: PINTO, H. A; GUEDES, J. C.; CERQUEIRA, J. P. (Coord.) *Inteligência artificial aplicada ao processo de tomada de decisões*. Belo Horizonte: D'Plácido, 2021. p. 247-280. p. 275.

[130] MYERS, Marcus Cayce. E-discovery and public relations practice: how digital communication affects litigation. *Public Relations Journal*, v. 11, issue 1 (June 2017) Institute for Public Relations. Virginia Tech. Disponível em: https://www.researchgate.net/publication/317850617_E-Discovery_and_Public_Relations_Practice_How_Digital_Communication_Affects_Litigation. Acesso em: 15 mai. 2021.

da IA.¹³¹ Fabiano Peixoto e Roberta da Silva sintetizaram as possibilidades para a IA nesse campo:

> Há uma dupla possibilidade para a IA nesse campo, como forma de combate a uma *externa malicious* IA, que pode impactar seriamente a prestação da função jurisdicional, comprometendo a realização da justiça. Há soluções para isso. Uma segunda possibilidade é a IA como forma de apoio à demanda colocada ao Judiciário de celeridade e qualidade na prestação jurisdicional, inclusive como um mecanismo de *self optimization concept* dos servidores – extremamente qualificados, mas sendo utilizados nas atividades repetitivas e pouco estratégicas existentes pelo volume sem igual de processos judiciais.¹³²

Isto é, a IA no Judiciário tem o papel primordial de desafogar, especialmente no Brasil, um sistema abarrotado de processos, que até pouco tempo ainda eram físicos. Os sistemas de IA podem – como já o fazem em determinados tribunais brasileiros – contribuir para a celeridade e delegação de funções administrativas, de pesquisa e registro etc. Há, porém, na esteira do diálogo preciso que se deve estabelecer com Beck nesta sociedade global, tecnológica e de riscos, o risco evidente de delegabilidade das decisões judiciais aos robôs inteligentes. Ingrid Barboza sustenta a possibilidade de adoção da jurimetria no aprimoramento dos sistemas de inteligência artificial.¹³³ Todavia, é curiosa (mas precisa) a observação de que a jurimetria traduz um ganho de eficiência na identificação de ações que comportam o uso de IA, mas que, ainda que a incorporação de tais tecnologias seja um ferramental importante para a jurisdição, esses instrumentos não prescindem da sensibilidade humana do julgador na concretização de direitos.¹³⁴ O alerta de Carla Figueiredo e Flávio Cabral coincidem com o sobredito:

> No entanto, deve-se ter cuidado com os próximos desafios da implementação da IA, possibilitando a constante garantia da intervenção humana em decisões proferidas por algoritmos inteligentes, bem como

---

[131] Idem.
[132] PEIXOTO; SILVA, 2019. p. 119.
[133] BARBOZA, Ingrid Eduardo Macedo. A jurimetria aplicada na criação de soluções de Inteligência artificial, desenvolvidas pelo CNJ, em busca do aprimoramento do poder judiciário. *Revista Diálogo Jurídico*, Fortaleza, v. 18, n. 2, p. 9-23, jul./dez. 2019.
[134] Idem.

a garantia de legitimidade e promoção dos direitos fundamentais em processos decisórios ligados diretamente à vida humana.[135]

Conforme assevera Francisco França Júnior *et al.*, a sociedade dirigida por máquinas já não se trata de uma projeção de autores com mentes férteis, o que força o reconhecimento, hoje, de que a dinâmica social tem sido em boa medida fruto das respostas oferecidas pelas tecnologias advindas da IA.[136] Na linha dos conferencistas da *European Commission for the Efficiency of Justice* (CEPEJ), há que se preservar uma sinergia com a Inteligência Artificial, evitando a todo custo uma sujeição. Isso não significa que se deva resistir às tecnologias, mas sim aplicá-las no cotidiano de modo consciente e com vistas a garantir que a decisão final seja humana. O assunto, porém, será objeto de capítulo específico.

1.3 Considerações parciais

Pelas características do presente Capítulo, não há o que se concluir propriamente, mas apenas diagnosticar em sede de considerações intermediárias. Observou-se a Inteligência Artificial (IA) e seus principais impactos na sociedade contemporânea. Inicialmente, buscou-se apresentar a IA, os algoritmos e as principais características dessas tecnologias. De início, o que se buscou foi contextualizar as mudanças sociais e informacionais trazidas pelas novas tecnologias. Para isso, analisou-se principalmente o diagnóstico de Klaus Schwab a respeito da nova revolução enfrentada pela sociedade do século XXI, chamada Quarta Revolução Industrial ou Indústria 4.0. Para o autor, a conjuntura é propícia a profundas transformações sociais e econômicas, ocorrendo de forma ampla e difundida em todo o globo. Tecnologias como a inteligência artificial, conforme

---

[135] FIGUEIREDO, Carla Regina Bortolaz de; CABRAL, Flávio Garcia. Inteligência artificial: machine learning na Administração Pública. *International Journal of Digital Law*, Belo Horizonte, a. 1, n. 1, p. 79-95, jan./abr. 2020. p. 93.

[136] FRANÇA JÚNIOR, Francisco de Assis de; SANTOS, Bruno Cavalcante Leitão; NASCIMENTO, Felipe Costa Laurindo do. Aspectos críticos da expansão das possibilidades de recursos tecnológicos na investigação criminal: a inteligência artificial no âmbito do sistema de controle e de punição. *Revista Brasileira de Direito Processual Penal*, Porto Alegre, v. 6, n. 1, p. 211-246, jan./abr. 2020. p. 237.

sustenta Schwab, também estariam no contexto de mudança promovida pela Indústria 4.0.

Após a contextualização a partir da tese de Schwab, verificou-se o conceito e características do algoritmo, que não se trata de novidade, mas é muito mais difundido, debatido e utilizado hodiernamente. Verificou-se a relação existente entre as tecnologias de inteligência artificial e o algoritmo, os quais não se confundem em um primeiro momento. Outrossim, averiguaram-se alguns exemplos do cotidiano envolvendo algoritmos, com fim de entender sua funcionalidade.

Neste capítulo inicial ainda foram estudados os fundamentos e a história da inteligência artificial, cujo anseio precede inclusive a existência dos próprios computadores. Viu-se a divisão e evolução histórica da IA, até a fase atual, assim como a predição mais que atual de Alan Turing a respeito do desenvolvimento da IA e a origem do termo. Ainda, analisou-se uma das principais características ostentadas pelos sistemas inteligentes, qual seja, o *machine learning*. Vislumbrou-se a que se refere a aprendizagem de máquina, suas características, importância, polêmicas, problemas de adoção, assim como se estudou os diversos tipos de aprendizagem de máquina.

Perquiriu-se a respeito do diagnóstico e Ulrich Beck, que compreende que a sociedade do século XX-XXI é indubitavelmente uma sociedade global e de riscos. Isso em virtude do desenvolvimento, da modernidade tardia e das características da sociedade capitalista. Desta forma, viver em sociedade atualmente é compartilhar dos riscos associados ao desenvolvimento. Viu-se, a partir de outros autores, que, além de global e de riscos, a sociedade é tecnológica, o que acresce e alarga a visão contemporânea a respeito dos riscos, que abrangem o desenvolvimento de tecnologias não necessariamente mortais, como a inteligência artificial com o intuito de auxiliar processos decisórios. O risco associado à IA nesse contexto é o da delegabilidade das decisões administrativas e judiciais, sem contar que, pelas características intrínsecas da IA, determinados sistemas de "IA forte" podem se tornar imprevisíveis.

Viu-se ainda as consequências e impactos da IA nos mais diversos setores sociais e econômicos, apoiados nos estudos de Schwab e outros autores. Verificou-se que, embora o desenvolvimento da IA seja importante para a efetividade de diversos serviços, rotinas etc., há sempre um caráter dúplice do desenvolvimento, o qual implica que se observem os impactos da adoção de tecnologias de IA, como o desemprego, a diminuição de funções, a delegação de procedimentos decisórios etc. O diagnóstico, porém, é de inevitabilidade da generalização das tecnologias de IA no contexto da sociedade global, tecnológica e de risco, devendo eventual reação se centrar na mitigação de tais riscos.

CAPÍTULO 2

LIMITES JURÍDICOS DO USO DA INTELIGÊNCIA ARTIFICIAL NO BRASIL

2.1 Regulação e (im)prescindibilidade de um marco legal para o uso da ia no brasil

Ainda existem muitos pontos a serem refletidos e problematizados a respeito da intersecção IA e Direito, que ainda é embrionária em comparação a outros campos do conhecimento. Há dúvidas a respeito da efetividade do direito posto como caminho adequado para regulamentar as adversidades da nova tecnologia (disruptiva), assim como se é possível que os ordenamentos acompanhem os diários e incontáveis avanços do aprendizado de máquina.

Juarez e Thomas Freitas asseveram que "esparramar" a inteligência artificial em institutos jurídicos e conteúdo de outras eras tecnológicas não é a melhor saída regulatória.[137] Isso porque, para os autores, o ideal seria tratar a IA com abertura à experimentação e à revitalização de categorias como ato jurídico, responsabilidade e causalidade. De fato, como visto até aqui, existem muitas situações novas que emergiram com a adoção da inteligência artificial. Na verdade, refletindo acerca deste ponto, tanto uso da IA "no" Direito (rotina dos fóruns, processos judiciais, administração da justiça, prolação de decisões etc.) como em quaisquer outras áreas do

---

[137] FREITAS, Juarez; FREITAS, Thomas Bellini. *Direito e inteligência artificial:* em defesa do humano. Belo Horizonte: Fórum, 2020.

conhecimento, enseja uma preocupação "do" Direito:[138] como ficará a responsabilidade civil pelo erro médico em cirurgias operadas por robôs? Do médico supervisor? Do programador? Do fabricante? Ou do próprio robô? São questões emblemáticas e que demandam acuidade nas tentativas de respostas.[139]

A inevitabilidade da IA é evidente. Nenhum ordenamento jurídico pode se omitir dos seus impactos. O sistema tributário, por exemplo, deverá rever acepções acerca da noção de fatos geradores compatível com a economia algorítmica;[140] os sistemas de resolução de conflitos deverão se ocupar de entender a lógica das máquinas que aprendem, além de que a mentalidade e imaginário dos juristas deverá ser afetada neste sentido.[141]

A partir de Leonardo Coelho Ribeiro, depreende-se que as inovações tecnológicas disruptivas evidenciam o papel instrumental do Direito Administrativo, que, para não operar um papel defasado, deve se ater às alternativas regulatórias conservando, contudo, os direitos fundamentais envolvidos.[142] Isso porque, conforme preconizam Ana Viana e Letícia Kreuz, há a necessidade de se abandonar teorias anacrônicas e binárias diante da realidade das novas tecnologias.[143] Hoje, "[...] conclama-se para outro olhar de um novo direito que atenda as singularidades das tecnologias disruptivas e os impactos causados na sociedade".[144] Assim, como Leonardo Coelho Ribeiro, as autoras citadas sugerem o caminho da regulação,[145] afirmando que o

---

[138] Idem.

[139] Idem.

[140] CALDAS, Filipe Reis. Revolução tecnológica: a inteligência artificial como sujeito passivo tributário 2.0. *Boletim de Orçamento e Finanças*, Curitiba, v. 15, n. 165, p. 29-31, jan. 2019.

[141] Idem.

[142] RIBEIRO, Leonardo Coelho. A instrumentalidade do direito administrativo e a regulação de novas tecnologias disruptivas. *R. de Dir. Público da Economia – RDPE*, Belo Horizonte, a. 14, n. 56, p. 181-204, out./dez. 2016.

[143] VIANA, Ana Cristina Aguilar; KREUZ, Letícia Regina Camargo. Admirável mundo novo: a Administração Pública do século XXI e as tecnologias disruptivas. *Int. Públ. – IP*, Belo Horizonte, a. 20, n. 110, p. 51-68, jul./ago. 2018. p. 65.

[144] Idem.

[145] É chegado o momento de fazer uma importante distinção entre regulamentação e regulação. Grosso modo, aquela se concretiza na norma infralegal expedida no exercício da competência prevista no art. 84, inc. IV, da Constituição Federal, no sentido de garantir fiel execução de lei. A regulação, por sua vez, se revela como um conjunto de regras de conduta e de controle que incidem em um dado contexto (intervenção no domínio econômico ou exercício do poder de polícia), podendo provir de diferentes autoridades (que não o Presidente da República ou

direito deve prestar um serviço de controle das atividades tecnológicas. Tais posicionamentos convergem com os de Thiago Marrara, que diagnostica a dualidade das novas tecnologias:

> No tocante às relações entre Estado e cidadão, buscou-se evidenciar que as novas tecnologias revelam-se capazes de ampliar os níveis de transparência, democratização, impessoalidade e eficiência da administração pública. No entanto, essas mesmas tecnologias, quando indevidamente empregadas, são capazes de violar os princípios que regem a administração pública brasileira.[146]

Em síntese, os sistemas de IA não devem subordinar, coagir, enganar, manipular, condicionar ou dirigir seres humanos de forma injustificada.[147] Juarez e Thomas Freitas entendem ainda que a regulação estatal deve assegurar que a inovação, disruptiva ou não, seja comprovadamente sustentável.[148][149] Juarez Freitas, na obra *Sustentabilidade: direito ao futuro*, apresenta o seguinte conceito de sustentabilidade:

> Trata-se do princípio constitucional que determina, com eficácia direta e imediata, a responsabilidade do Estado e da sociedade pela concretização solidária do desenvolvimento material e imaterial, socialmente inclusivo,

---

seus delegados) e por diferentes meios, no que se inclui a própria lei. (Para aprofundamento, vide: FRANÇA, Vladimir da Rocha. Princípio da legalidade administrativa e competência regulatória no regime jurídico-administrativo brasileiro. *Revista de Informação Legislativa*, Brasília, Senado Federal, v. 51, n. 202, abr./jun. 2014.)

[146] MARRARA, Thiago. Direito administrativo e novas tecnologias. *RDA – Revista de Direito Administrativo*, Rio de Janeiro, v. 256, p. 225-51, jan./abr. 2011. p. 248.

[147] BRAVO, Álvaro Avelino Sánchez. Marco Europeo para una inteligencia artificial basada en las personas. *International Journal of Digital Law*, Belo Horizonte, a. 1, n. 1, p. 65-78, jan./abr. 2020.

[148] FREITAS, Juarez; FREITAS, Thomas Bellini. *Direito e inteligência artificial*: em defesa do humano. Belo Horizonte: Fórum, 2020. p. 115.

[149] Sthéfano Divino reconhece os benefícios da IA, especialmente para o cumprimento da Agenda 2030, mas problematiza o monopólio da regulação global: "*It has been demonstrated in the argumentative discourse the existence of possible activities focused on health, education, and economics in which artificial intelligence can act as a precursor of Agenda 2030. The association between companies aimed at establishing intelligent cities can drastically reduce water and energy consumption through better management. Similarly, the introduction of such technology in agriculture can facilitate the development of small communities capable of affecting SDG considered essential to Agenda 2030. It is not by chance, either, that in the health sector, artificial intelligence can help professionals to diagnose their patients' diseases better. All of these examples and others that have been worked on highlight the power of the globalized world, both in physical space and cyberspace, in the connection between AI and society. However, who dictates the rules of this global world?*" (DIVINO, Sthéfano Bruno Santos. Artificial Intelligence, law and the 2030 Agenda for sustainable development. *Revista Direitos Sociais e Políticas Públicas*, Bebedouro, SP, v. 9, n. 1, p. 671-711, jan./abr. 2021. p. 703).

durável e equânime, ambientalmente limpo, inovador, ético e eficiente, no intuito de assegurar, preferencialmente de modo preventivo e precavido, no presente e no futuro, o direito ao bem-estar.[150]

Isto é, o conceito de sustentabilidade apresentado pelo autor supracitado ressalta a necessidade de a sustentabilidade figurar como pauta da sociedade global, sensível às mais variadas formas de sustentabilidade hoje existentes, seja ambiental, econômica ou social.[151] Para Robert Costanza e Bernard Patten, *"the basic idea of sustainability is quite straight forward: a sustainable system is one which survives or persists"*.[152]

Ignacy Sachs compreende que a sustentabilidade social vem em primeiro lugar, ao passo que a sustentabilidade econômica e a sustentabilidade política são de natureza instrumental, sendo que a sustentabilidade ecológica faz parte de ambos os domínios, quais sejam, da finalidade e da instrumentalidade.[153] A respeito da readequação qualitativa e estratégica do direito no contexto, Gabriel Ferrer e Paulo Cruz afirmam que colaboração e solidariedade são fundamentais para a sustentabilidade global.[154] No âmbito jurídico, os autores compreendem que o fenômeno da globalização apresenta desafios importantes, exigindo uma readequação qualitativa e estratégica, porquanto não se obterão respostas eficazes de um ente soberanamente isolado no planeta.[155]

Isto é, a regulação do uso da IA pelo Direito, embora primordial, mostra-se insuficiente para se assegurar o desenvolvimento sustentável, notadamente no contexto da sociedade global.[156] O que

---

[150] FREITAS, Juarez. *Sustentabilidade:* direito ao futuro. 3. ed. Belo Horizonte: Fórum, 2016. p. 43.

[151] Segundo Gabriel Ferrer e Paulo Cruz, "o caminho mais complexo e relevante a ser trilhado é o conjunto intersistêmico de relações que o ambiente gera com outros bens e valores, principalmente nas perspectivas sociais, econômicas, culturais e tecnológicas". (FERRER, Gabriel Real; CRUZ, Paulo Márcio. Direito, sustentabilidade e a premissa tecnológica como ampliação de seus fundamentos. *Int. Públ. – IP*, Belo Horizonte, ano 17, n. 94, p. 27-54, nov./dez. 2015. p. 35).

[152] "A ideia básica de sustentabilidade é bastante direta: um sistema sustentável é aquele que sobrevive ou persiste". (Tradução livre). (COSTANZA, Robert; PATTEN, Bernard C. Defining and predicting sustainability. *Ecological Economics*, v. 15, Issue 3, 1995, p. 193-196. p. 193).

[153] SACHS, Ignacy. *Rumo à ecossocioeconomia:* teoria e prática do desenvolvimento. São Paulo: Cortez, 2007. p. 297).

[154] FERRER; CRUZ, 2015, p. 37.

[155] Ibidem.

[156] Diego Magalhães e Ana Vieira ressaltam o ponto: "O artigo sistematiza as abordagens

se espera, no campo das tecnologias, é a regulação adequada, mas não estanque.[157] Juarez e Thomas Freitas elencam três principais dilemas a respeito da regulação da IA, explicitando o caráter dúplice do desenvolvimento tecnológico, pois ao se estudar fenômenos como a IA e a sua incorporação pelo direito – a título de exemplo –, inegáveis as contribuições à celeridade nos atos em geral, e igualmente inegáveis os riscos de danos em virtude das características dos sistemas de IA, notadamente no manejo e eleição de dados.[158]

O autor afirma que se deve "regular sem excesso, nem omissão, de modo a obter uma intervenção estatal proporcional (legítima, adequada, necessária e proporcional em sentido estrito)".[159] Por sua complexidade, "sugere-se tratar a IA com abertura ponderada à experimentação e à revitalização de categorias usuais (como ato jurídico, responsabilidade e causalidade), no desiderato de viabilizar, comedidamente, elaborações normativas avisadas e compatíveis com o ineditismo das questões afloradas".[160] De toda sorte, os caminhos da regulação nunca serão fáceis: na definição das normas, muito

---

regulatórias disponíveis. Ele enfatiza também que confiar no cumprimento de princípios éticos não é suficiente e que a regulação jurídica complementar é imprescindível também nas áreas caracterizadas, majoritariamente, pela autorregulação das empresas. Acentua-se, ainda, a necessidade de tratados e instituições transnacionais para lidar com o tema". (MAGALHÃES, Diego de Castilho Suckow; VIEIRA, Ana Lucia. Direito, tecnologia e disrupção. *Revista Eletrônica CNJ*, Brasília, v. 4, n. 1, p. 37-51, jan./jul. 2020).

[157] "[...] o maior desafio ao regulador das novas tecnologias disruptivas será a adoção de um desenho regulatório capaz de conjugar ferramentas de regulação forte e fraca que permitam a adaptação e o aprendizado diante". (BAPTISTA, Patrícia; KELLER, Clara Iglesias. Por que, quando e como regular as novas tecnologias? Os desafios trazidos pelas inovações disruptivas. *RDA – Revista de Direito Administrativo*, Rio de Janeiro, v. 273, p. 123-163, set./dez. 2016. p. 160).

[158] "Opção entre a regulação que incorpora o senso de antecipação prudencial para evitar os infortúnios trazidos pela disseminação acrítica da IA versus a regulação que deixa o processo correr solto, direcionado à conquista, a qualquer custo, da 'soberania' tecnológica. [...] Escolha entre a regulação da IA que cumpre a obrigação de adimplir objetivos e metas do desenvolvimento sustentável, em contraposição à intervenção regulatória que mira no crescimento pelo crescimento econômico, despida de preocupação com o os impactos adversos da IA voltada para a eficiência econômica como fim em si mesmo. [...] Opção entre a regulação da IA que resguarda a supervisão humana última versus a regulação indiferente à possibilidade de a IA (*weak* ou *strong*) se converter numa fonte descontrolada de vilipêndio contra a humanidade". (FREITAS, Juarez; FREITAS, Thomas Bellini. *Direito e inteligência artificial:* em defesa do humano. Belo Horizonte: Fórum, 2020. p. 115-116).

[159] Ibidem, p. 111.

[160] Ibidem, p. 110.

do que já está consolidado na prática será apenas legitimado; princípios, definições e parâmetros éticos serão contemplados, mas em uma sociedade global e de risco como a do século XXI, a qual experimenta uma explosão de tecnologias no cotidiano forense e cidadão, o que não se pode olvidar é o dever de o direito ter que responder com o direito, o que, vez ou outra, não encontrará correspondência precisa no texto normativo.[161]

José Vicente Santos de Mendonça, ao tratar de Direito Administrativo e Inovação, faz alerta importante acerca da inovação, o que se aplica *ipsis litteris* à regulação que ora se investiga: "[...] cautela com o discurso da inovação junto ao direito. Existem três pontos de atenção: nem sempre inovar é bom; nem sempre o que é bom é inovador; e o discurso da inovação como modismo reduz

---

[161] Não por acaso, o PL nº 872/2021, do Senador Veneziano Vital do Rêgo, assim prevê:
"Art 2º A disciplina do uso da Inteligência Artificial tem como fundamento: I – o respeito à ética, aos direitos humanos, aos valores democráticos e à diversidade; II – a proteção da privacidade e dos dados pessoais; III – a transparência, a confiabilidade e a segurança dos sistemas; IV – a garantia da intervenção humana, sempre que necessária.
Art. 3º A disciplina do uso da Inteligência Artificial tem por objetivos a promoção: I – do crescimento inclusivo e do desenvolvimento sustentável; II – da pesquisa, do desenvolvimento tecnológico, da inovação e do empreendedorismo; III – da melhoria da qualidade e da eficiência dos serviços oferecidos à população." (BRASIL. Senado Federal. *Projeto de Lei nº 872, de 2021*. Dispõe sobre o uso da Inteligência Artificial. Brasília: Senado Federal, 2021. Disponível em: https://legis.senado.leg.br/sdleg-getter/documento?dm=8940096&ts=1627994709939&disposition=inline. Acesso em: 11 ago. 2021
Para além dessa proposta, há, ainda, o PL 5.051/2019, do Senador Styvenson Valentim, abaixo recortado, que tramita em conjunto:
"Art. 2º A disciplina do uso da Inteligência Artificial no Brasil tem como fundamento o reconhecimento de que se trata de tecnologia desenvolvida para servir as pessoas com a finalidade de melhorar o bem-estar humano em geral, bem como: I – o respeito à dignidade humana, à liberdade, à democracia e à igualdade; II – o respeito aos direitos humanos, à pluralidade e à diversidade; III – a garantia da proteção da privacidade e dos dados pessoais; IV – a transparência, a confiabilidade e a possibilidade de auditoria dos sistemas; V – a supervisão humana.
Art. 3º A disciplina do uso da Inteligência Artificial no Brasil tem por objetivo a promoção e a harmonização da valorização do trabalho humano e do desenvolvimento econômico.
Art. 4º Os sistemas decisórios baseados em Inteligência Artificial serão, sempre, auxiliares à tomada de decisão humana. §1º A forma de supervisão humana exigida será compatível com o tipo, a gravidade e as implicações da decisão submetida aos sistemas de Inteligência Artificial."
E este traz aspecto importantíssimo, qual seja, que a IA deverá ser instrumental à tomada de decisão humana (art. 4º), o qual se espera seja mantido na futura lei tratando do tema. (BRASIL. Senado Federal. *Projeto de Lei nº 5051, de 2019*. Estabelece os princípios para o uso da Inteligência Artificial no Brasil. Brasília: Senado Federal, 2019. Disponível em: https://legis.senado.leg.br/sdleg-getter/documento?dm=8009064&ts=1624912281642&disposition=inline. Acesso em: 11 ago. 2021).

a complexidade do tema".[162] Para o administrativista, a lei é ponte para experimentos, possuindo limites no quesito inovação, como sua velocidade subótima e demais circunstâncias.[163]

Ou seja, a lei possui claras limitações, especialmente quando o intuito é regulatório. Ainda assim, no sistema brasileiro a legislação e os regulamentos administrativos se mostram o caminho mais apropriado para os fins de previsibilidade e segurança. William Gallo Aponte *et al.* preconiza o objetivo de regulação da inteligência artificial: *"el objetivo de la regulación es garantizar el mejor funcionamiento y desarrollo posible del mercado regulatorio, considerando los intereses empresariales, pero tambien de los usuarios de los servicios y la sociedad como un todo, bien como del propio Estado"*.[164]

Assim, veja-se que, novamente, aspectos de sustentabilidade na regulação da IA são fixados, tamanha a importância de uma regulação orgânica na atualidade. Aliás, linha teórica defende o princípio da precaução como substrato à regulação da IA. É o caso de Bruno Bioni e Maria Luciano, que afirmam ser o princípio da precaução "importante para se pensar medidas e estratégias de regulação de IA, notadamente como lidar com situações de riscos de danos ou de desconhecimento dos potenciais malefícios e benefícios desse tipo de tecnologia".[165]

Fabrício Polido, em capítulo sobre o tema da regulação da IA, investiga as tentativas regulatórias transnacionais, especialmente

---

[162] MENDONÇA, José Vicente Santos de. Direito administrativo e inovação: limites e possiblidades. *A&C – R. de Dir. Adm. Const.*, Belo Horizonte, ano 17, n. 69, p. 169-189, jul./set. 2017. p. 172.

[163] Ibidem, p. 174.

[164] "O objetivo da regulação é garantir o melhor funcionamento e desenvolvimento do mercado regulatório, considerando os interesses empresariais, mas também dos utilizadores dos serviços e da sociedade em geral, bem como do próprio Estado. Assim, o propósito de garantir o desenvolvimento está embutido no próprio conceito de regulação, e esse desenvolvimento deve ser entendido do ponto de vista econômico, ambiental, social e político, considerando o aspecto da sustentabilidade". (Tradução livre.) (GALLO APONTE, William Ivan; VALLE, Vivian Cristina Lima López; NATÁLY FÁCIO, Rafaella. La utilización de inteligencia artificial en la actividad regulatoria: una propuesta en favor del desarrollo nacional sostenible. *Veredas do Direito*, Belo Horizonte, v. 17, n. 39, p. 123-146, set./dez. 2020).

[165] BIONI, Bruno Ricardo; LUCIANO, Maria. O princípio da precaução em regulação de Inteligência Artificial: seriam as leis de proteção de dados o seu portal de entrada? *In*: MULHOLLAND, Caitlin; FRAZÃO, Ana (Coord.). *Inteligência artificial e direito*: ética, regulação e responsabilidade. 2. ed. São Paulo: Revista dos Tribunais, 2020. p. 205-229. p. 226.

europeias. O autor considera três campos preparatórios de intervenção do direito envolvendo atores estatais e não estatais, com variáveis de análise:

> (i) existência ou não de tratados/propostas de tratados e convenções, de leis ou regulamentos intracomunitários ou nacionais que lidem com aspectos relativos à IA (*e.g.* nos campos da proteção de dados e privacidade, propriedade intelectual, segurança e responsabilidade civil);
>
> (ii) existência de políticas domésticas, regionais e globais no seguimento da IA, e como elas se convertem em políticas de C, T & I ou industriais específicas, podendo ser adotadas por governos, organizações internacionais e não governamentais; e
>
> (iii) existência de instrumentos de regulação privada transnacional, como por códigos de conduta, diretrizes, políticas corporativas e princípios, que evidenciem a formulação de fontes não vinculantes (*soft law*), decisivas ou não para clivagem regulatória do seguimento de IA.[166]

À luz das asserções doutrinárias supramencionadas, passa-se a analisar a regulação e diretrizes europeias para as novas tecnologias, notadamente as tecnologias oriundas dos sistemas de inteligência artificial. Inicia-se pelo estudo das orientações da Comissão Europeia através de grupo criado para tal fim, e, após, verifica-se a Resolução 2015/2103, de 16 de fevereiro de 2017, do Parlamento Europeu.

2.1.1 Marco europeu para o uso da IA

Em 18 de dezembro de 2018, a Comissão Europeia criou o grupo independente de peritos de alto nível sobre Inteligência Artificial, o qual publicou naquele ano a primeira versão do documento que sobre as "Orientações Éticas para uma IA de Confiança", sobre a qual se pronunciaram mais de 500 participantes na consulta pública subsequentemente realizada. Segundo as diretrizes, o objetivo é promover uma IA de confiança, a qual se baseia em três componentes a serem observados durante todo o ciclo do sistema:

> a fiabilidad de la inteligencia artificial (IA) se apoya en tres componentes que deben satisfacerse a lo largo de todo el ciclo de vida del sistema:

---

[166] Op. cit, p. 178-180.

a) la IA debe ser lícita, es decir, cumplir todas las leyes y reglamentos aplicables; b) ha de ser ética, de modo que se garantice el respeto de los principios y valores éticos; y c) debe ser robusta, tanto desde el punto de vista técnico como social, puesto que los sistemas de IA, incluso si las intenciones son buenas, pueden provocar daños accidentales. Cada uno de estos componentes es en sí mismo necesario pero no suficiente para el logro de una IA fiable. Lo ideal es que todos ellos actúen en armonía y de manera simultánea. En el caso de que surjan tensiones entre ellos en la práctica, la sociedad deberá esforzarse por resolverlas.[167]

Isto é, as orientações éticas supracitadas, sensíveis à diversidade dos ordenamentos jurídicos, compreendem que a IA deve se adequar à legislação vigente. Ocorre que, em virtude do avanço tecnológico contínuo e rápido das tecnologias advindas da IA, muitos países ainda não possuem legislação ou regulamento próprio sobre IA. De toda sorte, sob a perspectiva do ordenamento jurídico,[168] haverá sempre uma resposta do sistema. Outro ponto que chama a atenção é a exigência de solidez dos pontos de vista técnico e social, admitindo, como verificou-se nas linhas predecessoras, a existência de cautela quanto aos "danos imprevisíveis" que sistemas de IA mais complexos, a "IA forte" ou *deep learning* podem apresentar. Em seguida, relevante transcrever os princípios éticos definidos que devem guiar o desenvolvimento, a implantação e a utilização dos sistemas de IA:

> ✓ Desarrollar, desplegar y utilizar los sistemas de IA respetando los principios éticos de: respeto de la autonomía humana, prevención del daño, equidad y explicabilidad. Reconocer y abordar las tensiones que pueden surgir entre estos principios.

---

[167] "Uma IA de confiança tem três componentes, que devem ser observadas ao longo de todo o ciclo de vida do sistema: a) deve ser legal, cumprindo toda a legislação e regulamentação aplicáveis; b) deve ser ética, garantindo a observância de princípios e valores éticos; c) deve ser sólida, tanto do ponto de vista técnico como do ponto de vista social, uma vez que, mesmo com boas intenções, os sistemas de IA podem causar danos não intencionais. Cada uma destas componentes é necessária, mas não suficiente, para alcançar uma IA de confiança. Idealmente, as três componentes funcionam em harmonia, sobrepondo-se na sua ação. Se, na prática, surgirem conflitos entre elas, a sociedade deve procurar harmonizá-las". (Tradução nossa). (UNIÓN EUROPEA. *Directrices Éticas para una IA fiable*. Disponível em: https://op.europa.eu/en/publication-detail/-/publication/d3988569-0434-11ea-8c1f-01aa75ed71a1/language-es/format-PDF/source-121796438. Acesso em: 01 ago. 2021).

[168] Para Bobbio, não existe lacuna no ordenamento jurídico, a lacuna existe na norma. (BOBBIO, Norberto. *Teoria do ordenamento jurídico*. Trad.: Maria Celeste Santos. 6. ed. Brasília: Editora Universidade de Brasília, 1995).

✓ Prestar una atención especial a las situaciones que afecten a los grupos más vulnerables, como los niños, las personas con discapacidad y otras que se hayan visto históricamente desfavorecidas o que se encuentren en riesgo de exclusión, así como a las situaciones caracterizadas por asimetrías de poder o de información, como las que pueden producirse entre empresarios y trabajadores o entre empresas y consumidores.

✓ Reconocer y tener presente que, pese a que aportan beneficios sustanciales a las personas y a la sociedad, los sistemas de IA también entrañan determinados riesgos y pueden tener efectos negativos, algunos de los cuales pueden resultar difíciles de prever, identificar o medir (por ejemplo, sobre la democracia, el estado de Derecho y la justicia distributiva, o sobre la propia mente humana). Adoptar medidas adecuadas para mitigar estos riesgos cuando proceda; dichas medidas deberán ser proporcionales a la magnitud del riesgo.[169]

Veja que há preocupação com a intervenção e autonomia humanas, a prevenção de danos e com a explicabilidade, corolário da transparência algorítmica. Outrossim, a preocupação com grupos mais vulneráveis externaliza o compromisso com o cumprimento da Agenda 2030 e com o desenvolvimento consciente do caráter dúplice das novas tecnologias no contexto global. O segundo capítulo do documento europeu contém enumeração de sete requisitos que os sistemas de IA precisam atender para ser seguro, podendo, segundo o documento, ser utilizados métodos técnicos e não técnicos:

✓ Garantizar que el desarrollo, despliegue y utilización de los sistemas de IA cumpla los requisitos para una IA fiable: 1) acción y supervisión

---

[169] "Desenvolver, implantar e utilizar os sistemas de IA de uma forma consentânea com os princípios éticos de: respeito da autonomia humana, prevenção de danos, equidade e explicabilidade. Reconhecer e procurar ultrapassar eventuais conflitos entre estes princípios; Prestar especial atenção a situações que envolvam grupos mais vulneráveis, tais como crianças, pessoas com deficiência e outros grupos historicamente desfavorecidos ou em risco de exclusão, e a situações caracterizadas por assimetrias de poder ou de informação, como, por exemplo, entre empregadores e trabalhadores ou entre empresas e consumidores; Reconhecer e ter presente que, embora tragam importantes benefícios para os indivíduos e a sociedade, os sistemas de IA apresentam também alguns riscos e são suscetíveis de ter um impacto negativo, incluindo impactos que podem ser difíceis de prever, identificar ou medir (p. ex., na democracia, no Estado de direito e na justiça distributiva, ou na própria mente humana); Adotar medidas adequadas para atenuar estes riscos quando necessário e proporcionalmente à dimensão do risco". (Tradução livre). (UNIÓN EUROPEA. *Directrices Éticas para una IA fiable*. Disponível em: https://op.europa.eu/en/publication-detail/-/publication/d3988569-0434-11ea-8c1f-01aa75ed71a1/language-es/format-PDF/source-121796438. Acesso em: 01 ago. 2021).

humanas, 2) solidez técnica y seguridad, 3) gestión de la privacidad y de los datos, 4) transparencia, 5) diversidad, no discriminación y equidad, 6) bienestar ambiental y social, y 7) rendición de cuentas.

✓ Para garantizar el cumplimiento de estos requisitos, se deberá estudiar la posibilidad de emplear tanto métodos técnicos como no técnicos.

✓ Impulsar la investigación y la innovación para ayudar a evaluar los sistemas de IA y a promover el cumplimiento de los requisitos; divulgar los resultados y las preguntas de interpretación abierta al público en general, y formar sistemáticamente a una nueva generación de especialistas en ética de la IA.

✓ Comunicar información a las partes interesadas, de un modo claro y proactivo, sobre las capacidades y limitaciones de los sistemas de IA, posibilitando el establecimiento de expectativas realistas, así como sobre el modo en que se cumplen los requisitos. Ser transparentes acerca del hecho de que se está trabajando con un sistema de IA.

✓ Facilitar la trazabilidad y la auditabilidad de los sistemas de IA, especialmente en contextos o situaciones críticos.

✓ Implicar a las partes interesadas en todo el ciclo de vida de los sistemas de IA. Promover la formación y la educación, de manera que todas las partes interesadas sean conocedoras de la IA fiable y reciban formación en la materia.

✓ Ser conscientes de que pueden existir tensiones fundamentales entre los diferentes principios y requisitos. Identificar, evaluar, documentar y comunicar constantemente este tipo de tensiones y sus soluciones.[170]

---

[170] "Assegurar que o desenvolvimento, a implantação e a utilização de sistemas de IA satisfazem os requisitos para uma IA de confiança: 1) ação e supervisão humanas; 2) solidez técnica e segurança; 3) privacidade e gestão dos dados; 4) transparência; 5) diversidade, não discriminação e equidade; 6) bem-estar ambiental e social; 7) responsabilização; Ponderar métodos técnicos e não técnicos para assegurar a aplicação desses requisitos; Promover a investigação e a inovação para ajudar a avaliar os sistemas de IA e a melhorar o cumprimento dos requisitos; divulgar os resultados e as questões em aberto junto do público em geral e formar sistematicamente uma nova geração de peritos em ética associada à IA; Comunicar, de forma clara e proativa, informações às partes interessadas sobre as capacidades e as limitações do sistema de IA, permitindo-lhes criar expectativas realistas, e sobre a forma como os requisitos são aplicados. Ser transparente sobre o fato de estarem a lidar com um sistema de IA; Facilitar a rastreabilidade e a auditabilidade dos sistemas de IA, sobretudo em contextos ou situações críticos; Envolver as partes interessadas em todo o ciclo de vida do sistema de IA. Promover a formação e a educação para que todas as partes interessadas tenham conhecimento e recebam formação em matéria de IA de confiança; Estar ciente de que podem existir conflitos fundamentais entre diferentes princípios e requisitos; Identificar, avaliar, documentar e comunicar continuamente essas soluções de compromisso"; (Tradução livre). (UNIÓN EUROPEA. *Directrices Éticas para una IA fiable*. Disponível em: https://op.europa.eu/en/publication-detail/-/publication/d3988569-0434-11ea-8c1f-01aa75ed71a1/language-es/format-PDF/source-121796438. Acesso em: 01 ago. 2021).

O terceiro capítulo das orientações em análise apresenta diretriz para a elaboração de uma "lista de avaliação", as quais, para serem efetivas, deverão ser adaptadas ao caso de utilização específico do sistema de IA:

✓ Adoptar una evaluación de la fiabilidad de la IA al desarrollar, desplegar o utilizar sistemas de IA, y adaptarla al caso de uso específico en el que se aplique dicho sistema.

✓ Tener presente que este tipo de listas de evaluación nunca pueden ser exhaustivas. Garantizar la fiabilidad de la IA no consiste en marcar casillas de verificación, sino en identificar y aplicar constantemente requisitos, evaluar soluciones y asegurar mejores resultados a lo largo de todo el ciclo de vida del sistema de IA, implicando a las partes interesadas en el proceso.[171]

Do supratranscrito percebe-se que as diretrizes do capítulo três ressaltam a necessidade de adaptabilidade e adequação ao contexto de utilização do sistema de IA, mesmo na situação de avaliação, a qual não deve ser exaustiva e se consubstanciar no preenchimento de formulários, mas sustentar uma revisitação contínua com o intuito de ser adequada à IA a ser avaliada.

Houve uma atenção do grupo criado pela comissão europeia, especialmente nas orientações finais, em sublinhar que se tratam de diretrizes gerais, as quais "criando uma base transversal para alcançar uma IA de confiança, situações diferentes suscitam diferentes desafios".[172] Outrossim, destacou-se que as orientações não substituem as decisões políticas ou eventuais regulamentações específicas, devendo ser encaradas como um documento dinâmico, revisto e atualizado ao longo do tempo.

---

[171] "Adotar uma lista de avaliação para uma IA de confiança aquando do desenvolvimento, da implantação ou da utilização de sistemas de IA, e adaptá-la ao caso de utilização específico a que o sistema está a ser aplicado; Importa ter em mente que essa lista de avaliação nunca será exaustiva; Assegurar uma IA de confiança não se resume a um exercício de preenchimento de formulários; trata-se, sim, de um processo contínuo de identificação e aplicação de requisitos, de avaliação de soluções e de garantia de melhores resultados ao longo do ciclo de vida do sistema de IA, e de envolvimento das partes interessadas neste processo;" (Tradução livre). (UNIÓN EUROPEA. *Directrices Éticas para una IA fiable*. Disponível em: https://op.europa.eu/en/publication-detail/-/publication/d3988569-0434-11ea-8c1f-01aa75ed71a1/language-es/format-PDF/source-121796438. Acesso em: 01 ago. 2021).

[172] UNIÓN EUROPEA. *Directrices Éticas para una IA fiable*. Disponível em: https://op.europa.eu/en/publication-detail/-/publication/d3988569-0434-11ea-8c1f-01aa75ed71a1/language-es/format-PDF/source-121796438. Acesso em: 01 ago. 2021. p. 6.

Cumpre verificar a passagem do trabalho de Álvaro Bravo, que, em pesquisa científica a respeito do marco europeu da IA, asseverou o seguinte, em atenção às diretrizes verificadas até aqui:

> Los algoritmos deben ser seguros, fiables y sólidos para para resolver los errores o incoherencias durante todo el ciclo vital del sistema de IA, solucionando adecuadamente los errores que se produzcan. Al respecto, deberán elaborarse mecanismos de seguridad, incluyendo la seguridad desde el diseño, para verificar que son objetivamente verificables en cada fase del proceso, teniendo muy en cuenta la seguridad física y psicológica de los usuarios.[173]

Isto é, segundo o pesquisador, o sistema de IA deve transmitir a segurança. E, para isso, há que se desenvolver mecanismos para resolução dos erros e inconsistências do sistema, tendo em conta o ciclo de vida da tecnologia. É nesse sentido, pois, que as diretrizes analisadas funcionam como orientações *soft* aos ordenamentos europeus, mas não apenas naquele contexto, podendo, por seu caráter generalista, ser adotado e adaptado a diversos contextos.

Segundo Fabrício Polido, porém, suscitou-se divisões por cientistas da computação à época da edição das orientações supramencionadas, aparentemente em virtude de que os membros do Comitê teriam pouco conhecimento sobre a aplicação das tecnologias advindas da IA na economia de mercado, tendo o mesmo ocorrido entre especialistas em humanidades (filósofos), em razão dos dilemas éticos envolvidos.[174]

Em 16 de fevereiro de 2017, o Parlamento Europeu editou a Resolução 2015/2103, com recomendações à Comissão de Direito Civil sobre Robótica.[175] O objetivo da resolução foi atribuir à União

---

[173] "Os algoritmos devem ser seguros, confiáveis e robustos para resolver erros ou inconsistências ao longo do ciclo de vida do sistema de IA, resolvendo adequadamente quaisquer erros que ocorram. Nesse sentido, devem ser desenvolvidos mecanismos de segurança, incluindo a segurança desde o projeto, para verificar se são objetivamente verificáveis em cada fase do processo, levando em consideração a segurança física e psicológica dos usuários". (Tradução livre). (BRAVO, Álvaro Avelino Sánchez. Marco Europeo para una inteligencia artificial basada en las personas. *International Journal of Digital Law*, Belo Horizonte, a. 1, n. 1, p. 65-78, jan./abr. 2020. p. 73).

[174] POLIDO, 2020, p. 186.

[175] UNIÃO EUROPEIA. *Resolução do Parlamento Europeu, de 16 de fevereiro de 2017, com recomendações à Comissão de Direito Civil sobre Robótica (2015/2103(INL))*. 2017. Disponível em: http://www.europarl.europa.eu/sides/getDoc.do?pubRef=-//EP//TEXT+TA+P8-TA-2017-0051+0+DOC+XML+V0//EN#BKMD-12. Acesso em: 01 ago. 2021.

Europeia um papel de pioneirismo no estabelecimento de princípios éticos básicos para programação, desenvolvimento e utilização de robôs de IA.[176] Ademais, o regulamento parece levar em conta a concreta possibilidade de, dentro de algumas décadas, a IA ultrapassar a capacidade intelectual humana.[177] O que se destaca é o aspecto da responsabilização e a vanguarda do regulamento neste sentido. Thatiane Pires e Rafael Silva traduzem:

> Do exame proposto, pode-se concluir que a resolução do Parlamento Europeu não trata das diferentes abordagens apresentadas de forma antinômica. Ao contrário, dá a elas um caráter complementar e confere maior importância a um ou outro aspecto das teorias, a depender do suporte fático envolvido. Ou seja, admite, a depender da autonomia e das instruções dadas ao robô, a atribuição de responsabilidade ao "treinador" do robô, que poderá ser o seu proprietário ou usuário, e estabelece, em maior grau, a responsabilidade objetiva daquele que está mais bem colocado para minimizar os ricos e oferecer garantias, estabelecendo como proposta, ainda, a adoção de seguros obrigatórios para absorver os riscos.[178]

Isto é, aparentemente a regulação europeia em análise, no que diz respeito à responsabilidade civil da IA, teve acuidade para não atribuir, de forma generalizada, a responsabilidade de maneira categórica, possivelmente em virtude das características da IA.

Dificuldade enfrentada pela adoção da responsabilização objetiva da IA, segundo Yavar Bathaee, é o fato de ela auxiliar em uma possível monopolização da detenção dessa espécie de tecnologia, pois empresas de pequeno porte, como *startups*, não suportariam o encargo financeiro de responder objetivamente pelos eventuais danos causados por seus sistemas de IA.[179] A imprevisibilidade dos atos praticados por robôs com *machine learning* é frequentemente advertida pela doutrina, em condição que se acentua em sistemas complexos e dotados de *deep learning*.

---

[176] PIRES, Thatiane Cristina Fontão; SILVA, Rafael Peteffi da. A responsabilidade civil pelos atos autônomos da inteligência artificial: notas iniciais sobre a resolução do Parlamento Europeu. *Direito Mundo Digital*, v. 7, n. 3, dez. 2017.

[177] Idem.

[178] Ibidem, p. 252.

[179] BATHAEE, Y. The artificial intelligence black box and the failure of intent and causation. *Harvard Journal of Law and Technology*, v. 31, n. 2, p. 922-932, 2018.

Segundo Gustavo Tepedino e Rodrigo da Gula Silva, tal noção, por ser tão difundida, foi incorporada pela Resolução de 16 de fevereiro de 2017 do Parlamento Europeu,[180] aludindo à "[...] imprevisibilidade do comportamento da nova geração de robôs para fundamentar a assertiva sobre a suposta insuficiência do atual quadro jurídico para tutelar os danos provocados por tais sistemas autônomos".[181] A questão é: alguns sistemas são tão complexos e arranjados que é muito difícil controlar ou prever suas condutas futuras. Tepedino e Silva tecem reflexões acerca do assunto em trabalho científico: "afigura-se tênue, com efeito, a linha divisória entre o dano (que se espera não previsto, em homenagem à presunção de boa-fé subjetiva) produzido por sistema autônomo defeituoso e o dano produzido por sistema autônomo não defeituoso".[182]

Diferenciando eventual dano que possa ser causado por um *bug* no sistema de IA e o dano que possa ser causado pela complexa evolução do aprendizado de máquina, os autores asseveram que a zona cinzenta da indefinição do que seria um sistema defeituoso incrementa potenciais lesões a que a própria coletividade está exposta, com as novas tecnologias.[183] A propagada imprevisibilidade dos danos da IA, segundo autores, pode estar associada à histórica necessidade jurídica de que o dano seja indenizável, evolução que advém das experiências normativas de Itália e França, que inseriram em seus textos legais esse ponto como requisito, por exemplo, no caso da responsabilidade civil contratual.[184]

A regulação vigente no Brasil, entretanto, tem seu âmbito de vinculação restrito ao Poder Judiciário,[185] porquanto emitida pelo

---

[180] UNIÃO EUROPEIA. Parlamento Europeu. European Parliament Resolution of 16 February 2017 with recommendations to the Commission on Civil Law Rules on Robotics. *Oficial Journal of European Union*, 2018.

[181] TEPEDINO, G.; SILVA, R. da G. Desafios da inteligência artificial em matéria de responsabilidade civil. *Revista Brasileira de Direito Civil*: RBDCivil, Belo Horizonte, v. 21, p. 61-86, jul./set. 2019. p. 72.

[182] Ibidem, p. 73.

[183] Ibidem.

[184] Idem.

[185] É preciso relativizar essa menção. Não se olvida da existência de portarias expedidas no âmbito do Ministério da Ciência, Tecnologia, Inovações e Comunicações que visam tratar da matéria. A Portaria nº 1.122/2020 prevê a Inteligência Artificial como afeita à Área de Tecnologias Habilitadoras (art. 4º); a Portaria nº 4.617/2021 institui, por meio de seu anexo (com a redação dada pela Portaria nº 4.979/2021), a Estratégia Brasileira de Inteligência

Conselho Nacional de Justiça – CNJ. Evidente que houve ao menos inspiraçãó na normativa europeia predecessora, muito embora aspectos relativos à responsabilidade civil da inteligência artificial, por ser a via inadequada, não puderam ser objeto da normativa. O documento, contudo, é cauteloso em suas disposições.

2.1.2 Regulação da IA para o Poder Judiciário no Brasil: a Resolução 332/2020 do Conselho Nacional de Justiça (CNJ)

O Conselho Nacional de Justiça (CNJ), órgão de controle administrativo interno do Poder Judiciário brasileiro, publicou no dia 25 de agosto de 2020 a Resolução 332/2020, cujo objetivo foi, dentre outras providências, dispor sobre a ética, a transparência e a governança na produção e no uso de inteligência artificial no Poder Judiciário. A resolução traz a definição de algoritmo, modelo de inteligência artificial, sinapses, usuário e usuário interno e externo. Por óbvio, é de praxe da técnica legislativa incorrer em definições, mas é importante destacar o risco desta empreitada: ao se definir um tema, trata-se de delimitá-lo. E será o regulamento capaz de acompanhar a evolução das combinações algorítmicas e dos modelos de inteligência artificial? A normativa tem capítulo específico sobre os direitos fundamentais, e exige no art. 4º o respeito aos direitos da

---

Artificial (EBIA) e seus eixos temáticos (pilares), dentre os quais os a "legislação, regulação e uso ético" e a "governança de Inteligência Artificial". Contudo, tudo leva a crer que a regulação administrativa da IA (mesmo que limitada ao poder executivo federal) ainda está longe de ser integrada ao ordenamento jurídico em vigor. Portanto, esta dissertação limita-se a examinar, no contexto, a Resolução CNJ nº 332/2020. Cf. BRASIL. Ministério da Ciência, Tecnologia, Inovações e Comunicações. Gabinete do Ministro. Portaria nº 1.122, de 19 de março de 2020. Define as prioridades, no âmbito do Ministério da Ciência, Tecnologia, Inovações e Comunicações (MCTIC), no que se refere a projetos de pesquisa, de desenvolvimento de tecnologias e inovações, para o período 2020 a 2023. *Diário Oficial da União*, edição: 57, seção 1, página 19, 2020, publicado em 24 mar. 2020; BRASIL. Ministério da Ciência, Tecnologia, Inovações e Comunicações. Gabinete do Ministro. Portaria GM nº 4.617, de 6 de abril de 2021. Institui a Estratégia Brasileira de Inteligência Artificial e seus eixos temáticos. *Diário Oficial da União*, edição 67, seção: 1, página 30, publicado em 12 abr. 2021; BRASIL. Ministério da Ciência, Tecnologia, Inovações e Comunicações. Gabinete do Ministro. Portaria MCTI nº 4.979, de 13 de julho de 2021. Altera o anexo da portaria MCTI nº 4.617, de 6 de abril de 2021, que institui a estratégia brasileira de inteligência artificial e seus eixos temáticos. *Diário Oficial da República Federativa do Brasil*, edição: 132, seção 1, página 16, publicado em 15 jul. 2021.

estirpe: "Art. 4º. No desenvolvimento, na implantação e no uso da Inteligência Artificial, os tribunais observarão sua compatibilidade com os Direitos Fundamentais, especialmente aqueles previstos na Constituição ou em tratados de que a República Federativa do Brasil seja parte".[186]

Quando o art. 4º da normativa em análise faz menção aos direitos fundamentais, é importante raciocinar a partir dos limites constitucionais explícitos e implícitos:[187] a fundamentação da decisão judicial é um direito fundamental do jurisdicionado – e é um limite constitucional implícito que esta decisão seja tomada por um juiz pessoa humana.[188] A regulação em estudo preocupa-se em diversas passagens com o afastamento da possibilidade de uma decisão terminativa não humana. Porém, percebe-se que os caminhos autorizados pela normativa (legitimadores do que já existe) permitem que se compare, para fins acadêmicos, a interação que ocorre entre juiz togado e juiz leigo no sistema dos juizados especiais.

Como se sabe, o juiz leigo irá instruir o processo e minutar a sentença, que será ou não homologada pelo juiz togado, isto é, o juiz leigo irá sugerir uma decisão judicial.[189] Assim o é (ou será) com os sistemas de IA, os quais sugerirão a decisão para o juiz. O ponto de indagação reside no fato de que, formalmente, foi o juiz

---

[186] CONSELHO NACIONAL DE JUSTIÇA. Resolução nº 332 de 21 de agosto de 2020. Dispõe sobre a ética, a transparência e a governança na produção e no uso de Inteligência Artificial no Poder Judiciário e dá outras providências. *DJe/CNJ*, nº 274, de 25.08.2020, p. 4-8.

[187] GAMA, Guilherme Calmon Nogueira da. As alterações constitucionais e os limites do poder de reforma. *Revista de Direito Administrativo*, Rio de Janeiro, v. 221, p. 189-237. jul./set. 2000.

[188] Donde, pois, a expectativa no sentido de que o *caput* do art. 4º do PL 5.051/2019 seja aproveitado quando da consolidação do texto da futura lei responsável pela regulação do uso da IA no Brasil. Ademais, a asserção também encontra fundamento no princípio do juiz natural e decorre de leitura orgânica do ordenamento jurídico brasileiro. Cf. ARAS, Vladimir. A inteligência artificial e o direito de ser julgado por humanos. *In*: PINTO, H. A; GUEDES, J. C.; CERQUEIRA, J. P. (Coord.). *Inteligência artificial aplicada ao processo de tomada de decisões*. Belo Horizonte: D'Plácido, 2021. p. 85-130, p. 117: "Além de ter direito ao conceito usual de 'juiz natural', no sentido em que se evita juízos ou tribunais de exceção ou *ex post factum*, agora também se deve ter nessa garantia a ideia de um julgamento por seres humanos, ou, sobretudo por seres humanos, ainda que com a assistência de máquinas".

[189] CALDEIRA, Felipe Machado Caldeira. Considerações sobre a função do juiz leigo e a lei (estadual) 4.578/05: contribuições para a aceleração do processo. *Revista da EMERJ*, v. 11, n. 42, 2008, p. 187-205.

quem decidiu; substancialmente, entretanto, percebe-se que quem decidiu foi o leigo (no Juizado) ou, com os sistemas de IA, quem decidiu foi o autômato. Veja-se o art. 8º:

> Art. 8º. Para os efeitos da presente Resolução, transparência consiste em:
> I – divulgação responsável, considerando a sensibilidade própria dos dados judiciais;
> II – indicação dos objetivos e resultados pretendidos pelo uso do modelo de Inteligência Artificial;
> III – documentação dos riscos identificados e indicação dos instrumentos de segurança da informação e controle para seu enfrentamento;
> IV – possibilidade de identificação do motivo em caso de dano causado pela ferramenta de Inteligência Artificial;
> V – apresentação dos mecanismos de auditoria e certificação de boas práticas;
> VI – fornecimento de explicação satisfatória e passível de auditoria por autoridade humana quanto a qualquer proposta de decisão apresentada pelo modelo de Inteligência Artificial, especialmente quando essa for de natureza judicial.[190]

Aqui reside a preocupação aventada anteriormente. O texto do dispositivo supracitado refere-se à necessidade de a autoridade humana poder identificar o motivo em situações de dano, assim como fornecer explicações satisfatórias a respeito da proposta de decisão. É plausível inferir que a explicação satisfatória estará sob o crivo da razoabilidade e proporcionalidade.[191] Observe-se que a exigência de transparência está visceralmente ligada à fundamentação adequada, pois se carece a transparência não há como se aferir a fundamentação. Os artigos 17, 18 e 19 reforçam a necessidade do elemento humano na decisão final:

---

[190] CONSELHO NACIONAL DE JUSTIÇA. Resolução nº 332 de 21 de agosto de 2020. Dispõe sobre a ética, a transparência e a governança na produção e no uso de Inteligência Artificial no Poder Judiciário e dá outras providências. *DJe/CNJ*, nº 274, de 25.08.2020, p. 4-8.

[191] ZANITELLI, Leandro Martins. Proporcionalidade, comparabilidade e fórmula do peso. *Rev. direitos fundam. democ.*, v. 22, n. 1, p. 278-301, jan./abr. 2017. p. 298. Sobre proporcionalidade e razoabilidade, há vasta bibliografia: cf. CANOTILHO, José Joaquim Gomes. *Direito Constitucional e Teoria da Constituição*. 7. ed. Almedina: Coimbra, 2011; TORRES, Heleno Taveira. Segurança Jurídica e Limites do Âmbito de Aplicação do Princípio da proporcionalidade. *In*: MARQUES NETO, Floriano Azevedo *et al*. *Direito e Administração Pública*: estudos em homenagem a Maria Sylvia Zanella Di Pietro. São Paulo: Atlas, 2013; BINENBOJM, Gustavo. Da supremacia do interesse público ao dever de proporcionalidade: um novo paradigma para o direito administrativo. *Revista de Direito Administrativo – RDA*, Rio de Janeiro, v. 239, p. 1-32, jul. 2005.

Art. 17. O sistema inteligente deverá assegurar a autonomia dos usuários internos, com uso de modelos que:
I – proporcione incremento, e não restrição;
II – possibilite a revisão da proposta de decisão e dos dados utilizados para sua elaboração, sem que haja qualquer espécie de vinculação à solução apresentada pela Inteligência Artificial.
Art. 18. Os usuários externos devem ser informados, em linguagem clara e precisa, quanto à utilização de sistema inteligente nos serviços que lhes forem prestados.
Parágrafo único. A informação prevista no *caput* deve destacar o caráter não vinculante da proposta de solução apresentada pela Inteligência Artificial, a qual sempre é submetida à análise da autoridade competente
Art. 19. Os sistemas computacionais que utilizem modelos de Inteligência Artificial como ferramenta auxiliar para a elaboração de decisão judicial observarão, como critério preponderante para definir a técnica utilizada, a explicação dos passos que conduziram ao resultado.
Parágrafo único. Os sistemas computacionais com atuação indicada no caput deste artigo deverão permitir a supervisão do magistrado competente.[192]

Os modelos de IA, segundo o art. 17 e o parágrafo único do art. 18, devem possibilitar a revisão, pelos usuários internos, da proposta de decisão e dos dados utilizados para a sua elaboração, inexistindo vinculação à solução apresentada pela IA. Nesse ponto reitera-se o imbróglio das definições pelo legislador, pois a definição de usuário interno apresentada pela resolução não parece abranger os magistrados.

O art. 19 reforça a transparência decisória tratando da necessidade de se indicar os passos que conduziram à decisão sugerida pela IA. Importante reparar na previsão do art. 5º, cuja norma enseja cotejo com as novas disposições da Lei de Introdução às Normas do Direito Brasileiro: "Art. 5º. A utilização de modelos de Inteligência Artificial deve buscar garantir a segurança jurídica e colaborar para que o Poder Judiciário respeite a igualdade de tratamento aos casos absolutamente iguais". O art. 23, §2º, afirma ainda que "os modelos de Inteligência Artificial destinados à verificação de reincidência penal não devem indicar conclusão mais prejudicial ao réu do que aquela a que o magistrado chegaria sem sua utilização".[193]

---

[192] Op. cit.
[193] CONSELHO NACIONAL DE JUSTIÇA. Resolução nº 332 de 21 de agosto de 2020. Dispõe sobre a ética, a transparência e a governança na produção e no uso de Inteligência Artificial no Poder Judiciário e dá outras providências. *DJe/CNJ*, nº 274, de 25.08.2020, p. 4-8.

O art. 30 da resolução afirma que as suas disposições se aplicam inclusive aos projetos de modelos de Inteligência Artificial já em desenvolvimento ou implantados nos tribunais, respeitados os atos já aperfeiçoados.[194] Além disso, o art. 20 ressalta que a composição de equipes para pesquisa e desenvolvimento das soluções computacionais de IA devem ser orientadas pela busca da diversidade em seu mais amplo espectro, incluindo gênero, raça, etnia, cor, orientação sexual, pessoas com deficiência, geração e demais características individuais.[195]

Muito embora não se entenda que o último aspecto supramencionado da resolução possa ser um limite jurídico à fundamentação das decisões administrativas e judiciais pela IA, trata-se de orientação administrativa de caráter extremamente prático e relevante para a funcionalidade mais adequada dos sistemas, pois é praticamente assentado que, sim, os sistemas de IA possuem vieses,[196] os quais orientarão possíveis decisões da IA, já que o computador em regra, conforme visto no primeiro capítulo do presente trabalho, executa a intenção do programador/criador, que poderá ou não reproduzir seus preconceitos.

O art. 25 prevê a necessidade de prestação de contas.[197] Do mesmo modo, muito embora não se compreenda a prestação de contas como um limite jurídico à fundamentação das decisões pela IA, verifica-se que a sua necessidade no âmbito administrativo visa garantir a funcionalidade equânime dos sistemas adotados pelo poder judiciário.[198]

---

[194] FARIAS, Victor. Metade dos tribunais brasileiros já recorre à inteligência artificial para agilizar processos, aponta pesquisa. *O Globo*, Brasília, 26 jun. 2020. Política Disponível em: https://oglobo.globo.com/brasil/metade-dos-tribunais-brasileiros-ja-recorre-inteligencia-artificial-para-agilizar-processos-aponta-pesquisa-1-24502062. Acesso em: 26 nov. 2020.

[195] Op. cit.

[196] "Dado que os algoritmos do judiciário são treinados com base em decisões humanas, eles podem reproduzir ou, ainda, acentuar tais vieses. Isso se torna especialmente perigoso quando eles são vistos como ferramentas imparciais e revestidas de cientificidade. Para evitar que tais modelos se tornem 'armas de destruição matemática', é necessário velar para que tais modelos sejam elaborados de forma transparente e conjunta com todos aqueles que serão afetados por suas decisões, bem como que seus resultados sejam cuidadosamente auditados". (BOEING, Daniel Henrique Arruda; ROSA, Alexandre Morais da. *Ensinando um robô a julgar:* pragmática, discricionariedade e vieses no uso de aprendizado de máquina no judiciário. Florianópolis: Emais academia, 2020. p. 109).

[197] Idem.

[198] "Art. 25. [...] Parágrafo único. A prestação de contas compreenderá:

A resolução faz apenas duas únicas menções ao termo "algoritmo": nas definições do art. 3º. Preocupa a ausência de disposições mais específicas à manipulação de algoritmos, pois são justamente esses mecanismos que irão compor a IA, que é um sistema mais complexo. Ressalta-se o alerta de Álvaro Bravo ao tratar do Marco Europeu para a IA:

> Os algoritmos devem ser seguros, confiáveis e robustos para resolver erros ou inconsistências ao longo do ciclo de vida do sistema de IA, resolvendo adequadamente os erros que ocorrem. A este respeito, devem ser desenvolvidos mecanismos de segurança, incluindo a segurança desde a concepção, para verificar se são objetivamente verificáveis em cada fase do processo, tendo em consideração a segurança física e psicológica dos utilizadores.[199]

Em suma, é possível afirmar que a Resolução 332/2020 do CNJ segue o caminho europeu na regulação ou na edição de orientações normativas para garantir a confiabilidade dos sistemas de IA, ressaltando a autonomia humana, a prevenção de danos e a não discriminação.[200] Muito embora a normativa se comprometa a tecer nortes à prática e uso dos sistemas de IA no judiciário, também se sentiu falta de atenção a situações que afetem a população mais vulnerável.[201]

Eduardo Schiefler *et al.*, ao tratar da Administração Pública digital, alerta que a informatização da Administração Pública pode revolucionar a atuação administrativa, mas que, porém, corre-se o risco de acabar por alijar grupos de indivíduos que

---

I – os nomes dos responsáveis pela execução das ações e pela prestação de contas;
II – os custos envolvidos na pesquisa, desenvolvimento, implantação, comunicação e treinamento;
III – a existência de ações de colaboração e cooperação entre os agentes do setor público ou desses com a iniciativa privada ou a sociedade civil;
IV – os resultados pretendidos e os que foram efetivamente alcançados;
V – a demonstração de efetiva publicidade quanto à natureza do serviço oferecido, técnicas utilizadas, desempenho do sistema e riscos de erros."

[199] BRAVO, Álvaro Avelino Sánchez. Marco Europeo para una inteligencia artificial basada en las personas. *International Journal of Digital Law*, Belo Horizonte, a. 1, n. 1, p. 65-78, jan./abr. 2020. p. 73.
[200] UNIÓN EUROPEA. *Directrices Éticas para una IA fiable*. Disponível em: https://op.europa.eu/en/publication-detail/-/publication/d3988569-0434-11ea-8c1f-01aa75ed71a1/language-es/format-PDF/source-121796438. Acesso em: 01 dez. 2020.
[201] Idem.

possuem dificuldades de se adaptar às tecnologias.[202] Thiago Marra alerta que, em razão de potenciais efeitos negativos da adoção de tecnologias de forma institucionalizada pelos governos, "ao mesmo tempo em que o Estado estimula as tecnologias como ferramentas de desenvolvimento, ele deve monitorá-las e controlá-las, principalmente nos setores dependentes e sujeitos a regulação estatal".[203]

Nesta toada fala-se, pois, em governo digital. Construções teóricas mais recentes, conforme preconiza Ana Viana, advogam pela distinção entre governo digital e governo eletrônico, notadamente afirmando que o primeiro termo é mais abrangente, e a terminologia do segundo remete ao início de desenvolvimento tecnológico dos governos, que se encontram em outro patamar hoje.[204] Para a mencionada pesquisadora, os impactos de tecnologias como *big data* e a inteligência artificial estão inclusos na concepção de governo digital.[205] Segundo aduz, o governo digital,

> Therefore, reflects a maturity in the treatment of information technologies within public administration. One can therefore refer to digital as a more evolved system. On the other hand, considering the theoretical framework and the already consolidated use of the term e-Government, the digital government can also be accommodated as another step within the "e-Government" genre. More relevant, however, is to be aware of why a distinction is made between the terms.[206]

---

[202] SCHIEFLER, Eduardo André Carvalho; CRISTÓVAM, José Sérgio da Silva; SOUSA, Thanderson Pereira de. Administração Pública digital e a problemática da desigualdade no acesso à tecnologia. *International Journal of Digital Law*, Belo Horizonte, a. 1, n. 2, p. 97-116, mai./ago. 2020. p. 114.

[203] MARRARA, Thiago; GASIOLA, Gustavo Gil. Regulação de novas tecnologias e novas tecnologias na regulação. *International Journal of Digital Law*, Belo Horizonte, a. 1, n. 2, p. 117-144, mai./ago. 2020. p. 143.

[204] VIANA, Ana Cristina Aguilar. Digital transformation in public administration: from e-Government to digital government. *International Journal of Digital Law*, Belo Horizonte, a. 2, n. 1, p. 29-46, jan./abr. 2021.

[205] "The impacts of technologies such as Big Data and artificial intelligence are included in the conception of digital government". VIANA, Ana Cristina Aguilar. Digital transformation in public administration: from e-Government to digital government. *International Journal of Digital Law*, Belo Horizonte, a. 2, n. 1, p. 29-46, jan./abr. 2021. p. 43.

[206] "O governo digital, portanto, reflete um amadurecimento no tratamento das tecnologias de informação na administração pública. Portanto, pode-se referir ao digital como um sistema mais evoluído. Por outro lado, considerando o referencial teórico e o uso já consolidado do termo *e-Government*, o governo digital também pode ser acomodado como mais uma etapa dentro do gênero '*e-Government*'. Mais relevante, entretanto, é saber por que uma

Na mesma linha, Nancy Gonzáles compreende que os atos administrativos devem tender a se realizarem de forma eletrônica, em virtude da eficácia e da preservação ao meio ambiente e, em muitas ocasiões, há a necessidade de mudança legislativa para que a mudança ocorra de forma adequada.[207] O escopo desta dissertação é eminentemente jurídico, com foco nas decisões administrativas e judiciais. Evidente, desde já, explicitar que são acepções distintas o emprego da inteligência artificial na estrutura administrativa do Poder Judiciário e do Poder Público em geral, para questões de mero experiente, e o emprego de sistemas de IA para a tomada de decisões administrativas e judiciais. No tópico seguinte, verticalizando a pesquisa e buscando os limites jurídicos sobre/para/na IA, investiga-se a eventual atribuição de personalidade à tecnologia.

2.2 Personalidade da IA

Antes de se investigar as possibilidades de utilização da IA no campo jurídico-administrativo, há que se verificar a existência ou não de personalidade jurídica desses entes (se é que assim podemos chamá-los), pois se trata de um limite jurídico propriamente dito. Isso implica uma breve investigação a respeito dos direitos de personalidade e sua titularidade, notadamente no ordenamento jurídico brasileiro. Os direitos da personalidade encontram seu fundamento na Constituição da República de 1988, já em seu preâmbulo, com a enunciação dos direitos de liberdade, segurança, bem-estar social, desenvolvimento, igualdade e justiça, sendo tais direitos, ainda, considerados valores supremos

---

distinção é feita entre os termos". (Tradução livre). (VIANA, Ana Cristina Aguilar. Digital transformation in public administration: from e-Government to digital government. *International Journal of Digital Law*, Belo Horizonte, a. 2, n. 1, p. 29-46, jan./abr. 2021).

[207] "El gobierno digital es una necesidad dentro del cambio que estamos teniendo como sociedad con el uso de la tecnología, por lo que se tiene que contemplar que los actos administrativos deben de tender a realizarse de manera electrónica, tanto como por cuestiones de cuidado al medio ambiente, así como eficacia de los mismos, por lo que se debe cambiar la normatividad para permitir este proceso y que se estructure de una manera adecuada la legitimidad de este derecho". (GONZÁLEZ SANMIGUEL, Nancy Nelly. El derecho protección y la regulación del uso de las nuevas tecnologías desde el derecho administrativo. *Revista Eletrônica do Curso de Direito da UFSM*, Santa Maria, v. 14, n. 1, p. 1-23, jan./abr. 2019. p. 21).

da sociedade, assegurados pelo Estado de Direito. O preâmbulo, por óbvio, não tem força normativa, mas serve de base principiológica e norte interpretativo da própria Constituição vigente. Há ainda a dignidade humana como fundamento da República (art. 1º) e a garantia da inviolabilidade do direito à vida, à liberdade, à igualdade, à segurança e à propriedade (art. 5º). ALMEIDA *et al.* apresenta um conceito:

> [os direitos de personalidade] são aqueles relacionados com as características que identificam o ser humano, como a sua imagem, o som de sua voz e até mesmo seu próprio nome. por serem direitos ligados diretamente à pessoa, para que se faça uso destas características (nome, imagem e voz) de forma isolada é necessário, em determinados casos, que se obtenha uma autorização de seu titular.[208]

No âmbito infraconstitucional, os direitos de personalidade são aqueles previstos no Capítulo II do Código Civil de 2002, mais precisamente a partir do art. 11. Como direitos personalíssimos, são dotados de determinadas características segundo a lei civil, sendo intransmissíveis e irrenunciáveis, com exceção, por óbvio, nos casos previstos em lei e a limitação voluntária pelo titular desses direitos. O art. 12 do Código Civil de 2002 inclusive garante a possibilidade de se exigir que se cesse ameaça ou lesão aos direitos da estirpe, sem prejuízo de reclamação pelas perdas e danos e, em se tratando de pessoa falecida, o cônjuge, parente em linha reta ou colateral até o 4º grau estão legitimados a pleitear a medida.

É válida, com objetivo científico ou altruístico, a disposição gratuita do próprio corpo, no todo ou em parte, para depois da morte, e tal ato de disposição pode ser livremente revogado a qualquer tempo (art. 14). Toda pessoa tem direito ao nome, nele compreendidos o prenome e o sobrenome (art. 16), e o nome da pessoa não pode ser empregado por outrem em publicações ou representações que a exponham ao desprezo público, ainda quando não haja intenção difamatória (17); ainda sem autorização, não se pode usar o nome alheio em propaganda comercial (art. 18). A mesma proteção é garantida ao pseudônimo utilizado

---

[208] ALMEIDA, D. P; MONDE, I. G. D.; PINHEIRO, P. P. (Coord.). *Manual de propriedade intelectual.* São Paulo: UNESP, 2013. p, 11.

para atividades lícitas. Exemplo de relativização dos direitos de personalidade advinda de decisão judicial foi acórdão proferido pelo STF no âmbito da ADI 4815,[209] em que os ministros afastaram exigência prévia de autorização para biografias.

Ponto relevante no debate a respeito da personalidade da IA implica incursão breve na propriedade intelectual. Isso porque, como se verá a seguir, a IA, a depender de seu sistema de aprendizagem, pode criar algo novo, com valor comercial. Cumpre assentar-se que os direitos de personalidade não são sinônimos dos direitos de propriedade intelectual, muito embora possam se relacionar vez ou outra. Os direitos de propriedade intelectual, "são aqueles relacionados com a proteção legal que a lei atribui à criação do intelecto humano, garantindo aos autores de determinado conteúdo o reconhecimento pela obra desenvolvida, bem como a possibilidade de expor, dispor ou explorar comercialmente o fruto de sua criação".[210] Ainda, os direitos de propriedade intelectual se subdividem em outros dois gêneros: os direitos autorais e os direitos de propriedade intelectual (*know-how*, patentes e marcas); ao passo que os direitos autorais são afetos às criações de caráter artístico, intelectual e, acima de tudo, humano, os direitos de propriedade industrial também dizem respeito ao espírito humano, mas àquelas criações de caráter exclusivamente econômico, como invenções e marcas.[211]

Nesse passo, vê-se que tanto os direitos de personalidade como os direitos de propriedade intelectual estão classicamente relacionados a atributos exclusivamente humanos. Fala, sentimento, som, imagem etc. Juarez e Thomas Freitas, porém, refletem sobre

---

[209] BRASIL. Supremo Tribunal Federal (Tribunal Pleno). *Ação Direta de Inconstitucionalidade nº 4.815*. Liberdade de expressão, de informação, artística e cultural, independente de censura ou autorização prévia (art. 5º INCS. IV, IX, XIV; 220, §§1º E 2º) e inviolabilidade da intimidade, vida privada, honra e imagem das pessoas (art. 5º, inc. X). Adoção de critério da ponderação para interpretação de princípio constitucional. Proibição de censura (estatal ou particular). Garantia constitucional de indenização e de direito de resposta. Ação direta julgada procedente para dar interpretação conforme à constituição aos arts. 20 e 21 do código civil, sem redução de texto. Ministra Relatora: Cármen Lúcia, 10 jun. 2015, Brasília: STF, [2016]. Disponível em: https://redir.stf.jus.br/paginadorpub/paginador.jsp?docTP=TP&docID=10162709. Acesso em: 12 ago. 2021.
[210] ALMEIDA, D. P; MONDE, I. G. D.; PINHEIRO, P. P. (Coord.). *Manual de propriedade intelectual*. São Paulo: UNESP, 2013. p. 11.
[211] Ibidem.

a (des)necessidade de mitigar tal categoria, pois já é possível imputar algumas atividades à IA como criativas, atividades que antes eram associadas ao ser humano.[212] Os autores afirmam que o texto normativo da Lei 9.610/1998, porém, não dá margens à figura da IA "autora" ou "inventora". Mas, goste-se ou não, sustentam, a IA produz muitas obras: "concluiu, a seu modo, a 10ª Sinfonia de Beethoven; escreveu um conto para competição literária; criou receitas culinárias; e gerou obra de arte leiloada por milhares de dólares".[213] Os autores pontuam que existem várias possibilidades acerca de quem seria o titular desses direitos: A própria IA seria considerada detentora de direitos autorais; a empresa ou o programador teria o direito; o usuário da IA teria o direito; e a criação seria de domínio público.[214]

A partir de Russ Pearlman, Juarez e Thomas Freitas afirmam que os defensores da IA como detentora de direitos de propriedade intelectual sustentam que seria a forma mais "adequada e justa", considerando a autonomia e independência dos sistemas inteligentes, ocasião em que a titularidade dos direitos seria dos "algoritmos criativos", sem prejuízo de o desenvolvedor ou o usuário continuar explorando a patentes ou os direitos autorais.[215] Por outro lado, importante registrar recente decisão do *United States Patent and Trademark Office* a respeito do tema, a qual entendeu que apenas pessoas físicas podem ser nomeadas como inventores em um pedido de patente.[216]

Segundo Mafalda Miranda Barbosa, as discussões a respeito de eventual atribuição de personalidade jurídica à IA são necessárias pelo fato de que esses mecanismos são cada vez mais dotados de complexidade e sofisticação, e isso vem acompanhado de uma crescente autonomia e na capacidade de se aprender pela experiência e, consequentemente, com a tomada de decisões

---

[212] FREITAS; FREITAS, 2020.
[213] Ibidem, p. 144.
[214] Op. cit.
[215] Ibidem.
[216] REBOOT required: Artificial Intelligence system cannot be named as an inventor under U.S. Patent Law, USPTO says. *Jones Day*. Disponível em: https://www.jonesday.com/en/insights/2020/05/reboot-required-artificial-intelligence-system-cannot-be-named-as-an-inventor-under-us-patent-law-uspto-says. Acesso em 15 jan. 2021.

independentes pelo sistema de IA.²¹⁷ ²¹⁸ A autora pontua que são inúmeras as dificuldades, a começar pelo Direito Civil no que diz respeito ao direito de propriedade: os *drones*, por exemplo, são hábeis a violar os direitos de propriedade, coletando dados de terceiros; além disso, há também a questão dos direitos da personalidade, como supramencionado, passíveis de violação pela IA (intimidade e privacidade, por exemplo), além de questões contratuais e de responsabilidade civil.²¹⁹ O que se debate, segundo Barbosa, é se se deverá responsabilizar o mecanismo dotado de inteligência artificial *per se* ou se a responsabilidade deverá ser assacada ao produtor, proprietário ou utilizador da tecnologia. Mais profundamente, é de saber se existem pessoas eletrônicas (*electronic persons*).

Mafalda Miranda Barbosa contrasta as características dos robôs, quais sejam: autonomia, autoaprendizagem e adaptação do comportamento ao meio ambiente e, com base nessas características, seria possível pensar, conforme raciocina, que alguns mecanismos de IA apresentam um nível de inteligência superior a alguns seres humanos, tais como crianças, pessoas em coma, fetos etc.²²⁰ Mafalda Miranda Barbosa, contudo, entende que esses argumentos seriam improcedentes, porque se estaria desdignificando o ser humano, o qual estaria reduzido à mera capacidade de escolha.²²¹ A autora pontua que são tipos diferentes de autonomia. A autonomia dos robôs vem da combinação algorítmica do *software*, diferente do agir ético do ser humano, dotado de pessoalidade, compreendendo que aos robôs sempre faltará a dimensão dos sentimentos, a dimensão espiritual e da alma.²²²

---

[217] BARBOSA, Mafalda Miranda. Inteligência Artificial, *e-persons* e direito: desafios e perspectivas. *RJLB*, a. 3, n. 6, 2017, p. 1475-1503.
[218] Relevância direta com o objeto da presente pesquisa. A IA na fundamentação das decisões administrativas e judiciais pode chegar a esse ponto, ao ponto de ser "criativa" e inovar a partir de experiências predecessoras, por isso tamanha a importância de os ordenamentos e academia estarem preocupados com a recepção dos sistemas de IA nas cortes administrativas e judiciais.
[219] BARBOSA, Mafalda Miranda. Inteligência Artificial, *e-persons* e direito: desafios e perspectivas. *RJLB*, a. 3, n. 6, 2017, p. 1475-1503.
[220] Ibidem.
[221] Ibidem.
[222] Ibidem.

Mafalda Miranda Barbosa aduz que o enfrentamento e contraste da justificação de existência das pessoas coletivas, sendo possível identificar essa ficção jurídica a partir da existência de várias entidades hoje com personalidade jurídica.[223] Mas essa personalidade jurídica seria um expediente técnico que permite que os sujeitos (as pessoas físicas) prossigam determinados interesses de modo diverso e mais consentâneo com a sua natureza, com o seu fim e, mesmo nesse contexto de ficção jurídica, de expediente técnico, a autora afirma que há um elemento de interesse da própria pessoa que justifica a ficção jurídica, o que não se aplicaria à inteligência artificial.[224] Nesse sentido, sustenta Mafalda Miranda Barbosa que a responsabilidade incidirá para aquele que está por detrás da IA. Isto é, para autora, mesmo com a necessidade de se trabalhar essas questões sensíveis da interseção entre IA e Direito, não se mostra viável o reconhecimento de *e-persons*.

2.3 Considerações parciais

O presente capítulo teve como escopo, no sentido mais amplo possível, a apresentação de potenciais limites jurídicos do uso da Inteligência Artificial no Brasil. Verificou-se ser imprescindível a adoção de um marco legal para o uso da Inteligência Artificial no contexto brasileiro, ainda que inicialmente se possa observar a empreitada sendo realizada pela via administrativa.

---

[223] Sergio Marcos Carvalho Avila Negri contrapõe a afirmação em trabalho recente, afirmando a insuficiência do debate para se afastar a personalidade robótica: "A discussão sobre os fundamentos ontológicos que separam pessoas e robôs tem se mostrado insuficiente para afastar a defesa da personalidade jurídica dos artefatos robóticos com inteligência artificial. Ora, se o Direito confere personalidade jurídica a patrimônios destinados a determinadas finalidades, como as fundações, não haveria dúvida de que a aptidão para adquirir direitos e deveres não representa uma exclusividade dos seres humanos. Nota-se, de fato, a prevalência de uma linha pragmática ou funcional da personalidade eletrônica, a qual, ao se afastar do debate filosófico centrado nas análises ontológicas, procura se pautar, principalmente, no modelo da sociedade limitada personificada. Essa mudança de enfoque, com robôs como pessoas jurídicas, apresenta também problemas, que, na maioria dos casos, são negligenciados até mesmo pelos críticos da personalidade eletrônica. Isso ocorre principalmente em função da incorreta compreensão das razões presentes no processo de personificação das sociedades e do próprio papel do termo 'pessoa jurídica' na gramática do Direito". (NEGRI, Sergio Marcos Carvalho Avila. Robôs como pessoas: a personalidade eletrônica na robótica e na Inteligência Artificial. *Pensar-Revista de Ciências Jurídicas*, v. 25, n. 3, 2020. p. 11-12).

[224] Ibidem.

Asseverou-se, contudo, que a pretensão de regulação das novas tecnologias, notadamente da IA, deve levar em conta a dinamicidade e atualidade do desenvolvimento tecnológico, para que a norma não se torne obsoleta. O uso de conceitos jurídicos indeterminados e a normatização não exaustiva foram os parâmetros mais adequados encontrados na pesquisa. Além disso, conclui-se que as normas reguladoras devem ter sensibilidade ao tema da sustentabilidade em todos os seus aspectos conhecidos hoje, especialmente a sustentabilidade social.

Viu-se o Marco Europeu para o uso da Inteligência Artificial, abrangendo as recomendações de grupo próprio à comissão europeia, além da Resolução de 2015/2103, de 16 de fevereiro de 2017. Foi possível verificar, no âmbito dessas normas, a preocupação no desenvolvimento de sistemas de IA éticos, não discriminatórios e menos danosos possíveis.

Posteriormente, estudou-se a regulação do uso da IA no âmbito do Poder Judiciário brasileiro, consolidada na Resolução nº 332 do Conselho Nacional de Justiça – CNJ, que objetivou disciplinar aspectos éticos, de transparência e governança na produção e no uso de Inteligência Artificial no Poder Judiciário. Conclui-se que a resolução é assertiva em diversos pontos, mas que pode causar certo imbróglio em outras tantas situações de cotidiano judicial. De toda sorte, verificou-se o emprego de conceitos jurídicos indeterminados, pelo que se percebeu, o esforço em ser uma norma aberta às adversidades da IA.

Em seguida, debateram-se questões relativas à existência ou não de personalidade dos sistemas de IA, ou a possibilidade de sua implementação ficta, passando pelos direitos de personalidade, propriedade intelectual e *e-persons*. A conclusão aqui esposada, na linha da bibliografia analisada, é a de não ser possível atribuir personalidade jurídica aos sistemas de inteligência artificial. Pelo menos não ainda. Observou-se que a legislação pertinente aos direitos de personalidade e à legislação de regência da propriedade intelectual não abrem margem à IA autora ou detentora de tais direitos, porquanto as atribuições verificadas são plenamente humanas, muito embora não se possa olvidar, em nenhum cenário, a capacidade de criação dos sistemas de inteligência artificial.

CAPÍTULO 3

POSSIBILIDADES DE UTILIZAÇÃO DA IA NA FUNDAMENTAÇÃO DAS DECISÕES ADMINISTRATIVAS E JUDICIAIS

3.1 Breves considerações acerca do aspecto fático da ia na administração pública e no poder judiciário[225]

Quando se está tratando de máquinas inteligentes, é comum que se questione a sua efetividade como instrumento à atuação administrativa e à prestação jurisdicional. Isso porque, ao fim e ao cabo, os destinatários são pessoas naturais. Há dúvida a respeito da superioridade ou não da decisão administrativa ou judicial

---

[225] Cumpre-se destacar que se utiliza o termo juiz-robô, controlador-robô e decisor-robô no trabalho, pois se está considerando a situação da tomada de decisões plenamente automatizada, por meio das tecnologias advindas da inteligência artificial, porquanto se entende ser esta a grande questão envolvendo a fundamentação das decisões administrativas e judiciais. Para fundamentar a escolha terminológica, houve apropriação da classificação de Daniel Boeing e Alexandre Morais da Rosa: "A primeira delas corresponde ao uso robô-classificador, através do qual algoritmos auxiliam humanos em tarefas básicas, tais como encontrar e classificar processos. A abordagem do robô-parecerista consiste em condensar informações relevantes de um processo em um único documento, que eventualmente pode ser utilizado para sugerir decisões a um caso concreto. A terceira e última, robô-julgador, consiste em um passo adiante, já que seus resultados são considerados vinculativos e elimina-se do processo decisório completamente o componente humano, que se torna uma instância revisora". (BOEING, Daniel Henrique Arruda; ROSA, Alexandre Morais da. *Ensinando um robô a julgar:* pragmática, discricionariedade e vieses no uso de aprendizado de máquina no judiciário. Florianópolis: Emais academia, 2020. p. 109).

proferida ou minutada por uma máquina. Além disso, questiona-se se seria esse o sentido de se adotar os sistemas de IA junto aos órgãos de controle e ao poder judiciário. Será que a IA fundamenta suas decisões e é a IA capaz de valorar situações concretas, como nos casos difíceis, em que princípios são sopesados e contextos culturais são invocados? Será que o problema não é, de início, ainda mais simples – se a IA consegue realizar exercícios de subsunção do fato à norma? Voltar-se-á a isso no item seguinte.

Luís Greco, em sua obra *Poder de julgar sem responsabilidade de julgador: a impossibilidade jurídica do juiz-robô*,[226] investiga a possibilidade fática do juiz-robô no sentido fático-descritivo. A presente dissertação, neste ponto, valer-se-á dos raciocínios desenvolvidos pelo Prof. Greco em seu livro. De início, naquela obra, Greco esclarece qual o sentido de os juristas estudarem a possibilidade fática do juiz-robô. Pontua que a investigação não se esgota na técnica, na programação, pois existem subquestões de ordem normativa, que é a finalidade a ser alcançada no uso da técnica (no caso, de um juiz-robô); também existem as questões de legitimidade dos caminhos para a realização da finalidade. O Prof. Greco afirma que, como jurista, é possível se questionar se a finalidade será ou não realizável.

E qual é essa finalidade, segundo Luís Greco? Boas decisões judiciais. Quando se trata de juiz-robô, o objetivo é produzir decisões judiciais boas, em que pese a pobreza da adjetivação neste primeiro momento. Essa decisão judicial, num contexto de juiz-robô, tem que ser um ato que, se praticado por um ser humano, seria aceito sem questionamentos.[227] No que diz respeito a como seria essa "boa decisão", o autor afirma que o adjetivo é preciso quando puder ser usado na mesma situação em que uma "decisão boa" é proferida por um ser humano.[228] E quando uma decisão pode ser considerada "boa" numa perspectiva humana? Segundo o autor existe para essa pergunta uma resposta pretensiosa: que consideraria uma decisão "boa" aquela apoiada numa teoria, num ideal substancial de justiça; e uma resposta modesta, em que a decisão "boa" mantém

---

[226] GRECO, Luís. *Poder de julgar sem responsabilidade de julgador*: a impossibilidade jurídica do juiz-robô. São Paulo: Marcial Pons, 2020.
[227] Idem.
[228] Idem.

conteúdo mínimo, limitando-se a propor uma estrutura decisória.[229] O conteúdo mínimo, continua o autor, não é definido apenas com critérios quantitativos, velocidade ou concisão. A resposta modesta é a eleita pelo autor para a análise proposta.

Luís Greco deixa claro que para a investigação da possibilidade jurídica de juiz-robô basta uma qualidade relativa ou comparativa da decisão, já que não faz sentido levantar exigências que não poderiam sequer ser cumpridas por seres humanos. Na mesma linha, há uma questão preliminar mais urgente a ser discutida, que é a possibilidade de o juiz-robô ser uma ameaça de piora do nível de qualidade decisória. Afirma o autor que qualidade também reside nos bons resultados e na boa fundamentação da decisão, e uma decisão judicial produzida por robô deverá cumulativamente atender a ambos os padrões de qualidade (resultado e fundamentação).[230][231]

A finalidade da boa decisão, segundo Greco, pode ser inatingível tanto porque o juiz-robô seria incapaz de produzir bons resultados, como porque a fundamentação produzida pela máquina nunca atenderia às exigências de qualidade geralmente feitas pelos juristas. A respeito da possibilidade de fundamentação errônea, afirma que não é motivo para considerar que, por isso, a finalidade não seja atingível, pois os humanos também erram. Mas, segundo Greco, erros provocados pela própria tecnologia provocariam uma piora na decisão judicial, e essa piora seria o mais urgente a se prevenir.[232][233]

---

[229] Idem.

[230] Idem.

[231] "Por enquanto, busca-se esse objetivo exigindo-se que os juízes fundamentem exaustivamente suas decisões, como anunciado no artigo 489, §1º, CPC/2015, modelo de decidir que tem sido denominado de fundamentação analítica ou de uma teoria processual da decisão judicial" (TESHINER, José Maria; JOBIM, Marcos Félix Jobim. Tribunais superiores e juízes inferiores: reflexões sobre o Judiciário, precedentes vinculantes e fundamentação das decisões judiciais. R. Bras. Dir. Proc. – RBDPro, Belo Horizonte, a. 25, n. 98, p. 143-154, abr./jun. 2017. p. 147). Para situar, a discussão do capítulo permeará sobre a possibilidade ou não de atendimento, pela IA, aos parâmetros de fundamentação das decisões administrativas e judiciais exigidas pelo sistema brasileiro.

[232] Idem.

[233] Embora o estudo das linhas que se segue possa permitir a compreensão do alerta realizado aqui pelo autor, afigura-se relevante excerto da pesquisa de Antônio Castro Júnior et al. a respeito do sistema de inteligência artificial goiano intitulado "Berna", do Tribunal de Justiça de Goiás, a respeito dos potenciais defeitos/dificuldades do software: "Quanto às dificuldades encontradas, tem-se a qualidade dos documentos, petições iniciais, utilizados no processamento do método proposto. A presente ferramenta encontrou problemas na identificação do inteiro teor de algumas peças, não permitindo a extração dos seus caracteres.

No campo das possibilidades de erros pela tecnologia, o autor levanta duas objeções: a primeira, se os computadores são capazes de valorar; a segunda, se os computadores são falíveis e discriminatórios. Acerca da primeira objeção, segundo relata Greco, as respostas às questões de direito pendem de valorações, além da dedução e da subsunção, o que foge da capacidade das máquinas, pois o robô seria, por exemplo, insensível ao contexto cultural da demanda.[234] A objeção, contudo, segundo o pesquisador, não prospera, pois se baseia numa visão ultrapassada do computador e muito idealizada do juiz humano.

O autor sustenta que hoje as máquinas, por meio das técnicas de *deep learning*, afiguram-se em redes neuronais, de combinações complexas e, compara, pois, a vitória do *deep blue* sobre o ex-campeão mundial de xadrez com a vitória do *AlphaGo* contra o Lee Sedol no *Go*, porque o *deep blue* basicamente funcionava a partir de um banco de dados bruto de partidas anteriores, de tentativas e erros, ao passo que o *AlphaGo*, criado para o *Go*, que é um jogo de tabuleiro mais complexo, desenvolveu-se, segundo o autor, jogando incontáveis vezes contra si mesmo, desenvolvendo capacidades intuitivas, de juízo e até mesmo de criação. Já se aventou em outra oportunidade as façanhas resultadas dos jogos de tabuleiro por meio da IA.[235]

Assim, para o autor não existem motivos, de antemão, para dizer que as máquinas não podem aprender a "valorar", como fazem os seres humanos, o que poderia ocorrer por meio de uma aprendizagem supervisionada, em que os erros seriam corrigidos em sede recursal e serviriam para a melhoria da aprendizagem.[236] [237]

Percebe-se que alguns documentos são inseridos no ato do protocolo do processo, como imagens, e outros são inseridos sem o cuidado de cadastrar corretamente o seu tipo. Visto que esses documentos são matérias-primas para a Berna, faz-se necessário estabelecer normas mais rígidas no ato de realizar o protocolo dos processos, na parte de inserção das peças iniciais". (CASTRO JÚNIOR, Antônio Pires de; CALIXTO, Wesley Pacheco; CASTRO, Cláudio Henrique Araújo de. Aplicação da inteligência artificial na identificação de conexões pelo fato e tese jurídica nas petições iniciais e integração com o sistema de processo eletrônico. *Revista Eletrônica CNJ*, Brasília, v. 4, n. 1, p. 9-18, jan./jul. 2020. p. 17.)

[234] Idem.

[235] Cf. Capítulo 1.

[236] GRECO, Luís. *Poder de julgar sem responsabilidade de julgador*: a impossibilidade jurídica do juiz-robô. São Paulo: Marcial Pons, 2020.

[237] Em que pese Luís Greco em seu livro trabalhe sua argumentação a partir de uma possibilidade recursal, o que quer significar que o estudioso já pensa na adoção da

Então, segundo o autor, a possibilidade existe, ainda mais levando-se em conta que no direito é difícil encontrar a criação de algo genuinamente novo, em geral são situações já existentes no ordenamento jurídico, mas que são lidas de outra perspectiva. O problema é quantidade de dados necessária para possibilitar essa aprendizagem. Mas Greco alerta que um número modesto de dados já seria possível de instigar a aprendizagem de máquina, citando, por exemplo, o Tribunal Europeu de Direitos Humanos que tem como base um conjunto de 584 decisões.[238] A objeção também falha, conforme afirma o autor, pois é pretensiosa com a valoração humana que não é perfeita.

Acerca da segunda objeção, se computadores são falíveis e discriminatórios, afirma Greco que a falibilidade dos algoritmos é assentada na literatura, assim como vulnerabilidades, problemas de segurança etc., e os erros não são cometidos de forma aleatória, mas sistemática. O algoritmo é, portanto, discriminatório. Cita o programa COMPAS, frequentemente considerado racista, atribuindo às pessoas de pele preta mais probabilidade de reincidência. Apesar desses fatores, para Greco eles não são decisivos para se afastar o uso dos mecanismos. O argumento da discriminação é superável. Isso porque o próprio juiz humano discrimina, tem preconceitos.[239] A respeito da falibilidade, afirma que nem por isso há a necessidade de se dispensar as máquinas inteligentes, mas apenas enfrentar o risco com seriedade e cautela. Em razão disso, o autor considera, de antemão, inaceitável uma justiça estatal plenamente automatizada. Por razões técnicas, é

IA em primeiro grau de jurisdição, é relevante ressaltar que, no Brasil, em virtude das características do sistema recursal, os sistemas de IA começaram a ser utilizados primeiramente nos tribunais superiores, encabeçados pelo Supremo Tribunal Federal e pelo Superior Tribunal de Justiça.

[238] Idem.

[239] Neste ponto há que se concordar com Greco. Relembre o caso da juíza do Paraná que em trecho de sentença proferida em junho de 2020, a o justificar o cálculo da pena, ato que leva em consideração a conduta social do sentenciado, a magistrada escreveu que "seguramente integrante do grupo criminoso, em razão da sua raça, agia de forma extremamente discreta os delitos e o seu comportamento, juntamente com os demais, causavam o desassossego e a desesperança da população, pelo que deve ser valorada negativamente". (FERREIRA, Lola. Decisão de juíza no PR é reflexo de racismo no Judiciário, avaliam juristas. *UOL Notícias*. Rio de Janeiro, 13 ago. 2020, Cotidiano. Disponível em: https://noticias.uol.com.br/cotidiano/ultimas-noticias/2020/08/13/decisao-de-juiza-no-pr-e-reflexo-de-racismo-no-judiciario-avaliam-juristas.htm/. Acesso em: 03 ago. 2021).

necessária a intervenção humana. O jargão "construa primeiro, peça perdão depois", seria fatal na administração da justiça, segundo Greco, pois é a vida dos cidadãos que está em jogo.[240]

Greco afirma que uma decisão também pode ser ruim pela sua má fundamentação, e que uma concepção racionalista, interessada em fundamentações, é a que mais interessa à investigação proposta, diferente de uma concepção do direito orientada pela autoridade, que na verdade dispensaria qualquer fundamentação. Há também uma perspectiva formal-estrutural, ou seja, de dialeticidade do fundamento com as conclusões.[241] Em seguida, o autor explicita mais duas objeções. A primeira diz respeito aos sistemas de IA que funcionam como verdadeiras *black boxes*,[242] como caixas pretas, isto é, sistemas que intuem a conclusão, mas não descrevem fundamentações ou justificam o ato, como no caso dos programas de xadrez, restando ausente o elemento diferenciador de mero fator de poder, já que os afetados pela decisão precisam compreendê-la.[243] Ainda assim, o problema, segundo o autor, é solucionável, bastando criar transparência algorítmica, com oferecimento de razões corretas para a solução correta.[244]

---

[240] Idem.

[241] GRECO, Luís. *Poder de julgar sem responsabilidade de julgador:* a impossibilidade jurídica do juiz-robô. São Paulo: Marcial Pons, 2020.

[242] "Nada obstante, o *design* de sistemas de inteligência artificial comumente adota vias de criação de camadas de processamento de dados, de modo que será tão mais complexa a compreensão das etapas de tratamento de dados, quanto mais elaborada for a tarefa a ser desempenhada. Criam-se, dessa forma, *black boxes* decisórios, que, por vezes, ocultam os critérios de tomada de decisão, tornando opaca, além de incompreensível e imprevisível, essa operação". (DEZAN, Sandro Lúcio. Desafios à transparência, à publicidade e à motivação da decisão jurídica assistida por sistemas de Inteligência Artificial no Processo Administrativo Valorativo. *In:* PINTO, H. A; GUEDES, J. C.; CERQUEIRA, J. P. (Coord.). *Inteligência artificial aplicada ao processo de tomada de decisões.* Belo Horizonte: D'Plácido, 2021. p. 513-538. p. 515).

[243] Idem.

[244] Embora compreenda que, em tese, a sentença de Greco esteja correta, é importante compreender que a adoção da IA no Direito é mais "facilitada" ou mais "dificultada" a depender da área de que se trata. O caminho de aplicação de mecanismos de IA parece mais efetivo em áreas mais abstratas ou primordialmente negociais. É, diferente, por exemplo, no direito penal, conforme alerta Chemim: "De partida é importante considerar os riscos de relacionamento entre o engenheiro do conhecimento e um perito em processo penal. Isso se dá não apenas pela difícil tradução de alguns temas de processo para uma linguagem algorítmica, mas pela ampla gama de diferentes visões de processo penal que hoje ainda coexistem e pela possibilidade de que as construções algorítmicas partam de entimemas. No mínimo, neste ponto, é preciso deixar claras as opções teóricas de processo penal para não confundir os intérpretes dos resultados que sejam produzidos

A segunda objeção trabalhada no texto é a relação fundamentação-conclusão, isto é, ainda que o computador entregue suas razões, não há garantia de que compreende o sentido da justificação, e nem se pode saber se a motivação publicizada é o verdadeiro fundamento da decisão.[245] Ainda assim, Greco compreende que há duas soluções para o problema. Em primeiro lugar, porque mesmo para o juiz humano, fundamentação sincera/honesta e racionalização são de difícil distinção.[246] Em segundo lugar, se existe esperança para clarear essa distinção, as chances são melhores no caso do juiz-robô, bastando a criação de robôs que documentem cada passo do processo decisório.[247] Como conclusão, o autor aponta que não existem barreiras intransponíveis à realizabilidade do juiz-robô, isto é, sua possibilidade fática de existência, porque as objeções levantadas ora são superáveis, ora são acentuadas no próprio ser humano.[248]

3.2 Sistemas de ia implementados nas esferas administrativa e judicial brasileira

Com o intuito de tornar mais palpáveis os estudos a respeito da IA e o Direito, é necessário tratar dos principais sistemas de Inteligência Artificial utilizados pelos tribunais pátrios e pela Administração Pública. No âmbito da Administração, fala-se no uso da IA no campo das licitações e contratos administrativos com o intuito de se introduzir maior eficiência em seus procedimentos[249] e tornar mais elaborado o combate à corrupção nesse campo.[250]

---

nas pesquisas. Os vieses de análises, portanto, devem ser identificados, tornados claros e transparentes". (GUIMARÃES, Rodrigo Régnier Chemim. A inteligência artificial e a disputa por diferentes caminhos em sua utilização preditiva no processo penal. *Revista Brasileira de Direito Processual Penal*, Porto Alegre, v. 5, n. 3, p. 1555-1588, set./dez. 2019. p. 1581).

[245] Idem.
[246] Idem.
[247] Idem.
[248] Idem.
[249] MOTTA, Fabrício. Inteligência artificial e agilidade nas licitações públicas. *Consultor Jurídico*, [s. l.] 29 ago. 2019, Interesse Público. Disponível em: https://www.conjur.com.br/2019-ago-29/inteligencia-artificial-agilidade-licitacoes-publicas#_ftn1. Acesso em: 07 set. 2020.
[250] VALENTE, Jonas. Órgãos públicos usam inteligência artificial para combater corrupção. *Agência Brasil*. Brasília. 03 ago. 2018. Disponível em: https://agenciabrasil.ebc.com.br/geral/

Ademais, tribunais de contas do Brasil têm utilizado a IA para auxiliar na fiscalização de contas dos governos estaduais e municipais, o que pode levar à economia em contratos, denúncias de irregularidades e à transparência perante a sociedade.[251] O Tribunal de Contas da União (TCU) e a Controladoria-Geral da União (CGU) têm feito uso do sistema *Alice*.[252]

Em *terrae brasilis*, o poder judiciário começa a simpatizar com o uso da IA, justamente pela eficiência potencializada que a tecnologia proporciona em determinadas atividades,[253] como o projeto *Sócrates* do Superior Tribunal de Justiça (STJ) e dos projetos *PIAA* (Projeto de Inteligência Artificial e Automação) e *Larry* (desenvolvidos pelo Tribunal de Justiça do Estado do Paraná), e dos demais 70 projetos existentes em 50% dos tribunais do país.[254] O Tribunal de Justiça do Estado de Minas Gerais tem investido em inovações como a indexação processual automática com o fim de identificar demandas repetitivas.[255]

Em parceria com a Universidade de Brasília, no ano de 2018, o Supremo Tribunal Federal iniciou o projeto *Victor*, que em sua fase inicial permitiu a leitura de todos os recursos extraordinários que sobem para o STF e identifica quais estão vinculados a determinados temas de repercussão geral.[256] Ainda, existe no campo dos tribunais

---

noticia/2018-08/orgaos-publicos-usam-inteligencia-artificial-para-combater-corrupcao. Acesso em: 07 set. 2020.

[251] BOEHM, Camila. Tribunais de Contas agilizam fiscalização com inteligência artificial. *Agência Brasil*. Rio de Janeiro, 03 set. 2020. Disponível em: https://agenciabrasil.ebc.com.br/geral/noticia/2020-09/tribunais-de-contas-agilizam-fiscalizacao-com-inteligencia-artificial. Acesso em: 07 set. 2020.

[252] RODRIGUES, Alex. Com uso de tecnologia, CGU evita prejuízos de R$812 milhões ao Estado. *Agência Brasil*. Brasília, 27 ago. 2019. Disponível em: https://agenciabrasil.ebc.com.br/geral/noticia/2019-08/com-uso-de-tecnologia-cgu-evita-prejuizos-de-r-800-milhoes-ao-estado. Acesso em: 27 ago. 2019.

[253] Algumas pesquisas citadas no âmbito deste trabalho são inconclusivas a esse respeito, mas o discurso de generalização dos sistemas de IA no poder judiciário é o da eficiência.

[254] FARIAS, Victor. Metade dos tribunais brasileiros já recorre à inteligência artificial para agilizar processos, aponta pesquisa. *O Globo*, Brasília, 26 jun. 2020. Política. Disponível em: https://oglobo.globo.com/brasil/metade-dos-tribunais-brasileiros-ja-recorre-inteligencia-artificial-para-agilizar-processos-aponta-pesquisa-1-24502062. Acesso em: 26 nov. 2020.

[255] BAIXA de processos é automatizada ná 1ª e 2ª instâncias. *Tribunal de Justiça do Estado de Minas Gerais*, [s. l.], 29 ago. 2018. Notícias. Disponível em: https://www.tjmg.jus.br/portal-tjmg/noticias/baixa-de-processos-e-automatizada-na-1-e-2-instancias.htm#.X1ZLj4tv_IU. Acesso em: 07 set. 2020.

[256] INTELIGÊNCIA artificial vai agilizar a tramitação de processos no STF, *Supremo Tribunal Federal* Brasília, 30 mai. 2018. Notícias STF. Disponível em: https://portal.stf.jus.br/noticias/verNoticiaDetalhe.asp?idConteudo=380038&ori=1. Acesso em: 07 set. 2020.

superiores pátrios o sistema *Corpus 927*, que desenvolvido pela Escola Nacional de Formação e Aperfeiçoamento de Magistrados (ENFAM) em parceria com o Superior Tribunal de Justiça (STJ), objetivando consolidar em um só local as decisões vinculantes do STF e do STJ, assim como a jurisprudência do STJ.

Destrinchando brevemente a funcionalidade dos referidos sistemas de IA, verifica-se que o *Projeto Victor* buscou a aplicação dos conceitos e técnicas de Inteligência Artificial (IA) e Aprendizado de Máquina (AM) para questões relativas a processamento, classificação de temas e peças no âmbito da Repercussão Geral no STF. O sistema de IA *Victor* funciona da seguinte forma: "inicialmente, o STF disponibiliza sua base de dados de processos jurídicos para que a equipe do Grupo de Aprendizado de Máquina (GPAM) da Universidade de Brasília os processe. Atualmente, o banco de dados do projeto *Victor* conta com cerca de 952 mil documentos oriundos de cerca de 45 mil processos".[257] Com submissão dos arquivos ao fluxo de tratamento de documentos, ocorre o seguinte:

> 1 – Filtra elementos considerados espúrios, como erros de digitalização e imagens; 2 – Divide frases em partes menores e cria símbolos para as partes mais relevantes do texto; 3 – Reduz palavras muito parecidas ou que possuem mesmo radical a símbolos comuns; 4 – Dá uma etiqueta a cada arquivo, classificando-o em uma das peças relevantes ao projeto; 5 – Atribui um rótulo com a repercussão geral do processo.[258]

Com esse processamento, são aplicados modelos de NLP *(Natural Language Processing)*[259] aos dados, com o fulcro de determinar em qual repercussão geral o processo se encaixa; neste processamento ainda houve a produção de dois subprodutos ao projeto: a

---

[257] INAZAWA, Pedro *et al*. *Projeto Victor*: como o uso do aprendizado de máquina pode auxiliar a mais alta corte brasileira a aumentar a eficiência e a velocidade de avaliação judicial dos processos julgados. Computação Brasil: Revista da Sociedade Brasileira de Computação, [s. l.] v. 01, n. 39, p. 19-24, 2019. Disponível em: https://cic.unb.br/~teodecampos/ViP/inazawa_etal_compBrasil2019.pdf. Acesso em: 12 abr. 2021.

[258] Idem.

[259] "O processamento de linguagem natural (PLN) é uma vertente da inteligência artificial que trabalha com a *machine learning* e a linguística. É uma tecnologia que estuda os problemas da geração e compreensão automática nos dispositivos tecnológicos de línguas humanas naturais". (NEVES, Leandro. O que é NLP: guia sobre o processamento de linguagem natural. *Weni*, [s. l].], 24 ago. 2018. Disponível em: https://weni.ai/blog/processamento-de-linguagem-natural-o-que-e/. Acesso em: 01 ago. 2021).

transformação de imagens em textos para futuras buscas e edições, além de um classificador capaz de terminar automaticamente a decisão se a peça jurídica é um Recurso Extraordinário, Agravo em Recurso Extraordinário, Sentença, Acórdão, Despacho ou outra categoria genérica de documentos.[260] [261]

Importante salientar que há, sempre, mesmo com a regulação em sede de controle administrativo pelo CNJ, o risco de ofensa ao princípio da indelegabilidade da função jurisdicional, porquanto não é juridicamente desejável (mas é possível) que os sistemas de IA se substituam no poder de julgar. Anne Martins, João Reis e Lucas Andrade concluíram, em pesquisa a respeito do *Projeto Victor* do Supremo Tribunal Federal, ainda não ser possível se verificar eventual delegabilidade da função de julgar:

> O Projeto Victor não ofende o princípio da indelegabilidade da função jurisdicional, uma vez que o referido sistema exerce atividades cognitivas de caráter meramente instrumental, gerando reflexos positivos no exercício das funções administrativa e jurisdicional. Quanto à função administrativa, o referido Projeto colabora para que o Poder Judiciário exerça suas funções administrativas de maneira mais eficiente, propiciando o melhor aproveitamento de recursos materiais e humanos do STF. Quanto à função jurisdicional, o mencionado Projeto contribui para uma prestação jurisdicional de excelência e em tempo razoável, obtendo-se, assim, um melhor resultado com o mínimo de atividade processual.[262]

Apesar da conclusão supracitada, outros vértices da utilização do sistema foram observados em outras pesquisas, como a de Maria Dionísio de Andrade *et al.*, que pretendeu perquirir se o

---

[260] Op. cit.

[261] "Utilizando-se da aprendizagem profunda de máquina, a pesquisa viabiliza a automação de análises textuais de processos jurídicos, a partir do uso de algoritmos na identificação de temas de repercussão geral. Isso ocorre baseado em dois modelos de redes neurais: Rede Neural Convolucional (*Convolutional Neural Network* – CNN) e Modelo Bidirecional de Memória de Longo Prazo (*Bidirectional Long Short-Term Memory*)". (ANDRADE, Mariana Dionísio *de et al*. Inteligência artificial para o rastreamento de ações com repercussão geral: o Projeto Victor e a realização do princípio da razoável duração do processo. *Revista Eletrônica de Direito Processual – REDP*, Rio de Janeiro, v. 21, n. 1, p. 312-335, jan./abr. 2020.

[262] MARTINS, A. S. O. R; REIS, J. P. A; ANDRADE, L. S. Novo humanismo, justiça cidadã, administração pública gerencial, poder judiciário e inteligência artificial: uma análise sobre o uso da computação cognitiva pelo poder judiciário brasileiro e os seus reflexos nas funções administrativa e jurisdicional à luz do Projeto Victor. *VirtuaJus*, Belo Horizonte, v.5, n. 8, p. 61-83, 1º sem. 2020. p. 70.

Projeto Victor atendia ou contribuía com o princípio da razoável duração do processo. A pesquisa, em razão da novidade do Projeto, foi inconclusiva em relação ao seu objeto.[263] Além disso, Maria Dionísio de Andrade et al. informa que na classificação sequencial de múltiplos casos alguns problemas foram detectados, como o fato de os tribunais brasileiros não possuírem uma padronização de escrita e determinados documentos terem sido obtidos a partir de cópias de digitalização, anotações à mão, notas marginais, carimbos e manchas.[264]

Esta é a deixa para que se problematize a questão dos dados que comporão o sistema de IA. Ora, o sistema será tão bom quanto o *database* de que servirá de fundamento para a tomada de decisões. Quando se está ainda tratando de modelos de sistemas de IA desenvolvidos para auxiliar procedimentos decisórios ou até mesmo decidir de forma autônoma, há que se atentar para o fato de que, na alimentação do sistema com os pretensos dados, os próprios dados podem conter vieses que se reproduzirão nas decisões algorítmicas.

Repare-se, portanto, que muito embora a bibliografia recente ressalte a discriminação algorítmica como imbróglio à generalização das máquinas inteligentes, o que se percebe é que o viés pode residir no próprio dado, de modo que, desde o início, o desenvolvimento do sistema esteja fadado ao insucesso ou ao sucesso inverso – na propagação de danos das mais diversas formas. Cuida-se, nesse sentido, da possibilidade de se encontrar vícios originários dos próprios dados.

O caso brasileiro tem suas peculiaridades, porque é muito comum que se perceba, notadamente no âmbito dos tribunais colegiados, que os julgadores decidem questões idênticas chegando à mesma conclusão, porém, por intermédio de fundamentos diversos. Esse é um desafio não apenas da máquina, mas do próprio ser humano. Questões de ordem prática, conforme anteriormente citado, como a, ainda, existência (absurda) de processos físicos

---

[263] ANDRADE, Mariana Dionísio de et al. Inteligência artificial para o rastreamento de ações com repercussão geral: o Projeto Victor e a realização do princípio da razoável duração do processo. *Revista Eletrônica de Direito Processual – REDP*, Rio de Janeiro, v. 21, n. 1, p. 312-335, jan./abr. 2020.

[264] Ibidem, p. 323.

no Brasil, os quais possuem rasuras, se digitalizados podem não ser "pesquisáveis", dentre outras questões de ordem histórico-sociológica que obstaculizam o desenvolvimento de sistemas decisórios.

Nesse sentido, em termos de Brasil, as limitações são encontradas principalmente do ponto de vista material, sendo possível identificar equívocos na incorporação, conforme visto nos parágrafos anteriores a respeito do *Projeto Victor* implementado no STF.

Como se vê, apesar do pioneirismo e da boa intenção na implantação dos sistemas, nem tudo são flores. Outro programa interessante recentemente adotado é o *Robô Judiciário 1* ou *RJ-1*, sistema de IA do Tribunal Regional do Trabalho da 9ª Região. O robô é capaz de agendar conferências no *Zoom*, emitir certidões a serem juntadas no bojo dos autos dos processos judiciais, enviar e-mails com informações aos causídicos, além de publicar no Diário Eletrônico da Justiça do Trabalho (DEJT). Segundo informações do TRT9, "O *RJ-1* entrou no ar na segunda-feira (25), em meio a testes e treinamentos. Em cinco dias, até as 17h desta sexta-feira (29), ele havia agendado 3.035 audiências para videoconferência, feito 3.025 publicações no DEJT, enviado 9.074 e-mails e economizado 506 horas de trabalho humano".[265]

A respeito do panorama das decisões administrativas, destaca-se o emprego da IA pelo Tribunal de Contas da União (TCU), órgão de controle externo da Administração Pública, um dos órgãos que mais tem utilizado sistemas de IA com o intuito de aumentar sua produtividade. O robô *Alice* (Análise de Licitações e Editais), por exemplo, juntamente com os robôs *Sofia* e *Mônica*, fazem varredura nas contratações federais com o objetivo de detectar irregularidades.[266] A respeito da funcionalidade desses sistemas inteligentes, Danubia Desordi e Carla Bona informam:

> No ar desde fevereiro de 2017, Alice lê editais de licitações e atas de registros de preços publicados pela administração federal, além de al-

---

[265] NETTO, Irinêo. TRT-PR cria robô capaz de economizar milhares de horas de trabalho humano. *Justiça do Trabalho – TRT da 9ª Região (PR)*, [s. l.], 01 fev. 2021. Notícias. Disponível em: https://www.trt9.jus.br/portal/noticias.xhtml?id=7055109. Acesso em: 15 mai. 2021.

[266] DESORDI, Danubia; BONA, Carla Della. Inteligência artificial e a eficiência na Administração. *Revista de Direito UFV*, Viçosa, v. 12, n. 02, 2020.

guns órgãos públicos estaduais e empresas estatais, através da coleta de informações no Diário Oficial e no Comprasnet. A partir dessa varredura, Alice emite um relatório indicando ao auditor indícios de irregularidades, a fim de que ele possa analisar o edital ou a ata de forma mais detalhada. Com a ajuda da Alice, os auditores conseguiram suspender contratações irregulares em Estados e até em editais do Itamaraty, demonstrando a contribuição do sistema computacional para a otimização, agilidade e eficiência do serviço público prestado pelo órgão.[267]

Quanto ao papel da robô *Sofia*, é de apontar erros nos textos dos auditores, constituindo-se em um ícone no editor de texto que, ao acionamento, opera no sentido de listar as informações associadas aos números de processo, CPF e CNPJ constantes do texto.[268] Ademais, o robô *Mônica* se trata de um painel de todas as compras públicas, incluindo as ignoradas pelo sistema do robô *Alice* (contratações diretas e inexigibilidade de licitação).[269]

A partir da breve explanação acerca dos sistemas supramencionados, o que se pode adiantar é a necessidade de se mitigar os riscos da ingerência tecnológica. Recentemente, foi instituída a Estratégia Brasileira de Inteligência Artificial – BIA, por meio da Portaria MCTI nº 4.617, a qual "assume o papel de nortear as ações do Estado brasileiro em prol do desenvolvimento das ações, em suas várias vertentes, que estimulem a pesquisa, inovação e desenvolvimento de soluções em Inteligência Artificial, bem como, seu uso consciente, ético e em prol de um futuro melhor".[270] Isto é, a aplicação da IA no Poder Público foi institucionalizada, deixando de ser apenas cogitação diante das inovações tecnológicas.

3.3 Controle, motivação e discricionariedade

Inicialmente, busca-se neste tópico trabalhar com o controle da Administração Pública de forma ampla, abarcando questões

---

[267] Ibidem, p. 22.
[268] Ibidem.
[269] Ibidem.
[270] MINISTÉRIO DA CIÊNCIA, TECNOLOGIA E INOVAÇÕES. *Gov.br*: Governo Federal Acompanhe o MCTI. Disponível em: https://www.gov.br/mcti/pt-br/acompanhe-o-mcti/transformacaodigital/inteligencia-artificial. Acesso em: 14 abr. 2021.

pertinentes ao controle jurisdicional, inclusive. O raciocínio proposto é investigar primeiramente a decisão administrativa, suas particularidades e regime jurídico. Concomitantemente ou resultante da análise pretendida, trabalha-se com o controle jurisdicional da Administração. Defende-se este método em virtude de, hoje, conforme ficará claro, tanto a fundamentação das decisões administrativas como a fundamentação das decisões judiciais se submetem, no mínimo, a alguns parâmetros comuns na Lei de Introdução às Normas do Direito Brasileiro – LINDB, com as devidas proporções.

A Administração Pública, no exercício de suas funções, está sujeita a controle pelos poderes Legislativo e Judiciário, além de ela mesma controlar seus atos.[271][272] Isso tendo em vista o ideal de se assegurar uma atuação conforme a lei e aos princípios que a regem.[273][274] O controle também pode ser interno (exercido sobre seus próprios atos e agentes, como uma Tomada de Contas Especial feita pelo Ministério da Educação) ou externo (um dos poderes sobre o outro, como uma prestação de contas do Município submetida ao Tribunal de Contas do Estado). Outro exemplo de controle externo é o jurisdicional (ação popular, ação civil pública, *habeas data*, mandado de segurança etc.).

A decisão administrativa, em particular, cuida-se de ato administrativo. Desta forma, compreendendo-se o ato administrativo, entende-se a decisão administrativa. Desta maneira, o ato administrativo, em regra, compõe-se pelos elementos de: sujeito, forma, finalidade, motivo, objeto.[275] Há também a necessidade de motivação para alguns atos, incluindo-se nesse campo as decisões administrativas.

Assim, para se estudar a motivação das decisões administrativas é necessário, de antemão, compreender o ato administrativo (em senso estrito). Segundo Celso Antônio Bandeira de Mello, o ato

---

[271] DI PIETRO, Maria Sylvia Zanella. *Direito administrativo*. 30. ed. São Paulo: Forense, 2017. p. 880.
[272] MELLO, Celso Antônio Bandeira de. *Curso de direito administrativo*. 32. ed. São Paulo: Malheiros, 2014.
[273] Op. cit.
[274] Op. cit.
[275] DI PIETRO, Maria Sylvia Zanella. *Direito administrativo*. 30. ed. São Paulo: Forense, 2017. p. 282.

administrativo é a "declaração *unilateral* do Estado no exercício de prerrogativas públicas, manifestada mediante comandos concretos complementares da lei",[276] como regra, e visando seu fiel cumprimento. Demais disso, o ato administrativo pode ser examinado por três planos distintos: ele será perfeito a partir do esgotamento do seu ciclo de formação; válido, quando sua expedição se mostrar em integral conformidade com a ordem jurídica em vigor; e eficaz, na medida em que apto para a produção de seus efeitos típicos. Por conseguinte, o ato administrativo pode se apresentar, *in concreto*, como: perfeito, válido e eficaz; perfeito, inválido e eficaz; perfeito, válido e ineficaz; e perfeito, inválido e ineficaz.[277]

Para os fins do objeto da dissertação, apenas interessa esmiuçar o plano da validade do ato administrativo, na exata medida em que a ausência de motivação ou mesmo a sua motivação defeituosa (incompleta, deficiente) pode implicar a necessidade de sua invalidação, mormente quando não mais possível convalidá-lo, a depender de sua natureza (se vinculado ou "discricionário").[278] Para Juarez Freitas, a motivação indica um dever de explicitação dos fundamentos de fato e de direito de todas as decisões administrativas.[279] Segundo o administrativista, o art. 93 incisos IX e X da Constituição vigente são o lastro maior da exigência de motivação.[280] [281] O texto normativo infraconstitucional também reforça o dever (vide art. 50 da Lei 9.784/1999).[282] O autor pontua que "as decisões administrativas serão explicitamente fundamentadas

---

[276] MELLO, Celso Antônio Bandeira de. *Curso de Direito Administrativo*. 32. ed. São Paulo: Malheiros, 2014. p. 394.
[277] Ibidem., p. 394-398.
[278] ARAÚJO, Florisvaldo Dutra de. *Motivação e controle do ato administrativo*. Belo Horizonte: Del Rey, 1992. p. 126-127.
[279] FREITAS, Juarez. *O controle dos atos administrativos e os princípios fundamentais*. 5. ed. São Paulo: Malheiros, 2013. p. 90.
[280] Idem.
[281] "Art. 93. [...] IX – todos os julgamentos dos órgãos do Poder Judiciário serão públicos, e *fundamentadas todas as decisões*, sob pena de nulidade, podendo a lei limitar a presença, em determinados atos, às próprias partes e a seus advogados, ou somente a estes, em casos nos quais a preservação do direito à intimidade do interessado no sigilo não prejudique o interesse público à informação; X – as *decisões administrativas* dos tribunais *serão motivadas* e em sessão pública, sendo as disciplinares tomadas pelo voto da maioria absoluta de seus membros;" (grifos nossos).
[282] "Art. 50. *Os atos administrativos deverão ser motivados*, com indicação dos fatos e dos fundamentos jurídicos, quando: [...]" (grifos nossos).

(sob pena de nulidade), isto é, deverão ter como suporte razões objetivas e congruentes".[283]

Celso Antônio Bandeira de Mello, ao tratar do aspecto principiológico da motivação, compreende que os "atos administrativos praticados sem a tempestiva e suficiente motivação são ilegítimos e invalidáveis pelo Poder Judiciário".[284] O motivo, como pressuposto de validade do ato administrativo, não se confunde com a sua motivação. A motivação é feita pela autoridade administrativa e integra a "formalização" do ato.

Conforme preconiza Mello, é a exposição dos motivos a "fundamentação na qual são enunciados (a) a regra de Direito habilitante, (b) os fatos em que o agente se estribou para decidir e, muitas vezes, obrigatoriamente, (c) a enunciação da relação de pertinência lógica entre os fatos ocorridos e o ato praticado",[285] ao passo que na motivação se transparece o que o decisor apresenta como "causa" do ato administrativo. Para Irene Patrícia Nohara e Thiago Marrara, "motivo não se confunde, contudo, com a motivação, pois esta abrange a explicitação dos motivos. Motivação é um discurso destinado a justificar o ato motivado.[286]

O Superior Tribunal de Justiça (STJ), em decisão no Recurso Ordinário em Mandado de Segurança 19.210-RS, sensível à temática da motivação das decisões administrativas, entendeu que a simples indicação de conceitos jurídicos indeterminados não atende a exigência de devida motivação.[287] Somado a isso, o dever de motivação foi recentemente contemplado em nova redação da Lei de Introdução às Normas do Direito Brasileiro (LINDB).[288] O art. 20 veda decisões

---

[283] FREITAS, 2013, p. 90.
[284] MELLO, 2014, p. 116.
[285] Ibidem, p. 408.
[286] NOHARA, Irene Patrícia. *Processo administrativo:* Lei nº 9.784/1999 comentada. São Paulo: Atlas, 2009. p. 318.
[287] BRASIL. Superior Tribunal de Justiça (5ª Turma). *Recurso em Mandado de Segurança nº 19.210/RS*. Recorrente: Sérgio Jobim Dutra. Recorrido: Estado do Rio Grande do Sul. Relator: Ministro Felix Fischer, 10 abr. 2004. Brasília: STJ [2004]. Disponível em: https://processo.stj.jus.br/processo/pesquisa/?num_registro=200401612105&aplicacao=processos.ea. Acesso em: 09 ago. 2021.
[288] O que não quer significar que seja a primeira vez que o dever transparece no ordenamento jurídico pátrio. Como se viu, a própria Constituição de 1988 e a Lei do Processo Administrativo já possuem previsões expressas no sentido de obrigatoriedade de motivação das decisões.

(administrativas, controladoras e judiciais) proferidas com base em valores jurídicos abstratos que não considerem, explicitamente, as consequências práticas da decisão, e seu parágrafo único exige, na motivação, que se aponte a necessidade e a adequação da medida em face das possíveis alternativas.[289] Trata-se de um parâmetro de fundamentação das decisões que se será exaustivamente trabalhado nos tópicos seguintes deste capítulo.

Marçal Justen Filho compreende que o supracitado dispositivo contém um dever de transparência, concretude e proporcionalidade nas decisões públicas.[290] Egon Bockmann Moreira e Paula Pessoa Pereira destacam um dever público de implementar a segurança jurídica.[291] Assim, a motivação traduz-se em um dever, numa exigência da legislação e do Direito Administrativo brasileiro, assim como requisito de validade das decisões administrativas. Para Vladimir da Rocha França

> A motivação do ato administrativo compreende a fundamentação do ato administrativo. Ela possui duas dimensões: (i) dimensão formal; e (ii) dimensão substancial. Na dimensão formal temos a motivação como a exposição, mediante enunciados, das razões de fato e de direito que ensejaram a expedição do ato administrativo, concedendo transparência à decisão administrativa. Na dimensão substancial a motivação é um meio que permite a recondução do conteúdo do ato a um parâmetro jurídico que o torne compatível com as demais normas do sistema do direito positivo. Noutro giro: confere ao ato um laço de validade com o ordenamento jurídico.[292] [293]

---

[289] BRASIL, *Lei nº 13.655, de 25 de abril de 2018*. Inclui no Decreto-Lei nº 4.657, de 4 de setembro de 1942 (Lei de Introdução às Normas do Direito Brasileiro), disposições sobre segurança jurídica e eficiência na criação e na aplicação do direito público. Brasília, DF: Presidência da República. Disponível em: http://www.planalto.gov.br/ccivil_03/decreto-lei/del4657compilado.htm. Acesso em: 11 ago. 2021.

[290] JUSTEN FILHO, Marçal. Art. 20 da LINDB: Dever de transparência, concretude e proporcionalidade nas decisões públicas. *Rev. Direito Adm.*, Edição Especial: Direito Público na Lei de Introdução às Normas de Direito Brasileiro – LINDB (Lei nº 13.655/2018), Rio de Janeiro, p. 13-41, nov. 2018.

[291] MOREIRA, Egon Bockmann; PEREIRA, Paula Pessoa. Art. 30 da LINDB: O dever público de incrementar a segurança jurídica. *Rev. Direito Adm.*, Edição Especial: Direito Público na Lei de Introdução às Normas de Direito Brasileiro – LINDB (Lei nº 13.655/2018), Rio de Janeiro, p. 243-274, nov. 2018.

[292] FRANÇA, Vladimir da Rocha França. *Estrutura e motivação do ato administrativo*. São Paulo: Malheiros, 2007. p. 91-92.

[293] Vladimir França também concebe que a motivação pode ser entendida como uma ação, abrangendo a conduta de motivar, fundamentar: "Nesse caso, é perfeitamente viável ao

E, de fato, foi essa a opção legislativa no Brasil, onde a motivação e fundamentação das decisões é um dever. No âmbito administrativo, a Lei nº 9.784/1999, anteriormente citada, explicita a obrigatoriedade.[294] Segundo Cristiana Fortini *et al.*, a redação do art. 50 da lei pode ser criticada em virtude de sugerir que o dever de motivar é obrigatório tão somente nas hipóteses elencadas pelo dispositivo normativo.[295] Para as autoras, não foi esse o intuito do legislador, porquanto há menção ao dever de motivação no art. 2º, *caput* e inciso VII, parágrafo único, do mesmo dispositivo.[296]

No Brasil, o controle jurisdicional da Administração Pública se vê legitimado pelo direito fundamental ao acesso à justiça ou à inafastabilidade da jurisdição, positivada no texto constitucional em seu art. 5º, inciso XXXV. Além disso, o poder judiciário é o único legitimado pela Constituição de 88 a exercer a jurisdição, sendo este

---

sistema do direito positivo qualificar a conduta de motivar como obrigatória, proibida ou permitida. Numa análise preliminar, haja vista as dimensões da motivação, isso será necessariamente feito em um princípio jurídico. Afinal, a motivação serve como instrumento de legitimação do ato dentro do ordenamento jurídico". (FRANÇA, Vladimir da Rocha França. *Estrutura e motivação do ato administrativo*. São Paulo: Malheiros, 2007. p. 92).

[294] "CAPÍTULO XII DA MOTIVAÇÃO
Art. 50. Os atos administrativos deverão ser motivados, com indicação dos fatos e dos fundamentos jurídicos, quando:
I – neguem, limitem ou afetem direitos ou interesses;
II – imponham ou agravem deveres, encargos ou sanções;
III – decidam processos administrativos de concurso ou seleção pública;
IV – dispensem ou declarem a inexigibilidade de processo licitatório;
V – decidam recursos administrativos;
VI – decorram de reexame de ofício;
VII – deixem de aplicar jurisprudência firmada sobre a questão ou discrepem de pareceres, laudos, propostas e relatórios oficiais;
VIII – importem anulação, revogação, suspensão ou convalidação de ato administrativo.
§1º A motivação deve ser explícita, clara e congruente, podendo consistir em declaração de concordância com fundamentos de anteriores pareceres, informações, decisões ou propostas, que, neste caso, serão parte integrante do ato.
§2º Na solução de vários assuntos da mesma natureza, pode ser utilizado meio mecânico que reproduza os fundamentos das decisões, desde que não prejudique direito ou garantia dos interessados.
§3º A motivação das decisões de órgãos colegiados e comissões ou de decisões orais constará da respectiva ata ou de termo escrito." (BRASIL, *Lei nº 9.784, de 29 de janeiro de 1999*. Regula o processo administrativo no âmbito da Administração Pública Federal. Brasília, DF: Presidência da República. Disponível em: http://www.planalto.gov.br/ccivil_03/leis/l9784.htm. Acesso em: 11 ago. 2021).

[295] FORTINI, C.; PEREIRA, M. F. P. C.; CAMARÃO, T. M. C. *Processo Administrativo*: comentários à Lei nº 9.784/1999. 3. ed. Belo Horizonte: Fórum, 2012. p. 166.

[296] Idem.

sistema o de unidade de jurisdição. Porém, esse controle é limitado ao aspecto da legalidade e da moralidade.²⁹⁷ De acordo com Di Pietro, "o Poder Judiciário pode examinar os atos da Administração Pública, de qualquer natureza, sejam gerais ou individuais, unilaterais ou bilaterais, vinculados ou discricionários".²⁹⁸

A administrativista doutrina que os atos discricionários também estão sujeitos à jurisdição, desde que não se invada a oportunidade e conveniência (mérito) da administração pública.²⁹⁹ Ainda, não se veda a avaliação dos motivos do ato controlado.³⁰⁰ Além disso, atos tipicamente normativos (regulamentos, resoluções, portarias etc.) só podem ser invalidados pela via das ações de controle concentrado de constitucionalidade,³⁰¹ e o controle dos atos políticos também é legítimo de acordo com a estudiosa.³⁰²

Odete Medauar disserta sobre o tema expondo o posicionamento favorável ao controle restrito, cuja argumentação comumente se volta à separação dos poderes e aos direitos políticos.³⁰³ A autora também expõe o entendimento por um controle amplo, ao qual parece se filiar, alegando haver respaldo constitucional para um controle mais amplo.³⁰⁴ Aqui vale o alerta de Juarez Freitas.³⁰⁵ Com exceção de alguns casos expressamente previstos na Constituição

---

²⁹⁷ DI PIETRO, 2017, p. 828.
²⁹⁸ Idem.
²⁹⁹ Idem.
³⁰⁰ Idem.
³⁰¹ É o caso, por exemplo, da ADI 4874, em que se questionava Resolução nº 14/2012, da ANVISA, que proibia a adição de aroma e sabor em cigarros. Ao final, a ação foi julgada improcedente, mas sem efeitos *erga omnes*. (BRASIL, Supremo Tribunal Federal. *Ação Direta de Inconstitucionalidade nº 4.874*. Requerente: Confederação Nacional da Indústria. Intimados: Presidente da República e Congresso Nacional, 01 de fevereiro de 2018. Brasília: STF, [2018]. Disponível em: http://stf.jus.br/portal/diarioJustica/verDiarioProcesso.asp?numDj =24&dataPublicacaoDj=09/02/2018&incidente=4328586&codCapitulo=2&numMateria=1& codMateria=4. Acesso em: 12 ago. 2021).
³⁰² Idem.
³⁰³ MEDAUAR, Odete. *Controle da Administração Pública*. 3. ed. São Paulo: Revista dos Tribunais, 2014. p. 222.
³⁰⁴ Ibidem, p. 226.
³⁰⁵ "Erram os maximalistas, que pretendem tudo controlar, produzindo – às vezes, com intenção funesta de vender facilidades – uma paralisia burocrática insana. No extremo oposto, erram os minimalistas, que preferem deixar tudo ao sabor de políticas supostamente de consenso, ignorando as falhas cada vez mais estridentes de mercado e governo". (FREITAS, Juarez. *O controle dos atos administrativos e os princípios fundamentais*. 5. ed. São Paulo: Malheiros, 2013. p. 335).

e legislação brasileiras, Odete Medauar sustenta não ser exigível o esgotamento da via administrativa para ingressar com demanda judicial pleiteando o controle de determinado ato.[306]

Ademais, os meios mais comuns de controle dos atos administrativos são: o *habeas corpus*, o *habeas data*, o mandado de injunção, os mandados de segurança individuais e coletivos, a ação popular e a ação civil pública.[307] Sobre o papel da jurisdição no controle do mérito administrativo, é sólido que ao judiciário, em regra, é vedado o controle do mérito.[308] Porém, "[...] não é aceitável usar-se o vocábulo *mérito* como escudo à atuação judicial em casos que, na realidade, envolvem questões de legalidade e moralidade administrativas".[309]

Recorde-se que a Administração Pública se manifesta por intermédio do ato administrativo, que seria a "[...] declaração do Estado ou de quem o represente, que produz efeitos jurídicos imediatos, com observância da lei, sob regime jurídico de direito público e sujeita a controle pelo Poder Judiciário".[310] Esse ato administrativo ora é vinculado, ora é "discricionário". Vinculado é o ato cuja lei não prevê opções: prescreve exatamente o modo de agir da Administração perante determinada situação.[311] Discricionário é – em certa medida – o ato cuja lei prevê mais de uma alternativa para o agir estatal, devendo essa margem de escolha pautar-se pelos critérios de oportunidade e conveniência.[312] Celso Antônio Bandeira de Mello vai além, sustentando que a discricionariedade é, portanto, uma espécie de

> [...] margem de liberdade que remanesça ao administrador para eleger, segundo critérios consistentes de razoabilidade, um, dentre pelo menos dois componentes cabíveis, perante cada caso concreto, a fim de cumprir o dever de adotar a solução mais adequada à satisfação da finalidade legal, quando, por força da fluidez das expressões da lei ou da liberdade

---

[306] Op. cit., 2014, p. 216.
[307] DI PIETRO, 2017.
[308] DI PIETRO, Maria Sylvia Zanella. *Discricionariedade administrativa na Constituição de 1988*. 3. ed. São Paulo: Atlas, 2012. p. 130.
[309] Idem.
[310] Ibidem, p. 205.
[311] Idem, 2012. p. 66.
[312] Ibidem, p. 67.

conferida no mandamento, dela não se possa extrair objetivamente, uma solução unívoca para a situação vertente.[313]

Na mesma seara, Weida Zancaner apresenta uma noção de discricionariedade no sentido de que a lei "[...] define apenas algumas das condições necessárias ao exercício do poder".[314] Cumpre-se ressaltar que, no que se refere aos elementos do ato administrativo, embora existam divergências pontuais na doutrina, a discricionariedade surge em conexão com o motivo e o objeto.[315] Igualmente importante registrar que discricionariedade administrativa não se confunde com discricionariedade jurídica.[316]

Nesse sentido, discricionariedade em nenhum cenário se confunde com arbitrariedade, pelo que são necessários limites que impeçam o agir administrativo sob esse pretexto.[317] Para Diogo de Figueiredo Moreira Neto

> Afirmamos que a discricionariedade é uma competência para definir administrativamente, no caso, o interesse público. Afirmamos que seu exercício tem natureza jurídica de um poder-dever, indisponível para a Administração. Afirmamos que a correta definição do interesse público específico é a satisfação da função de bem administrar.[318]

Remetendo-se a Oswaldo Aranha Bandeira de Mello, o autor supracitado defende a importância da razoabilidade como princípio técnico de aferição de limites à discricionariedade.[319] Outro fator integrante da discricionariedade administrativa

---

[313] MELLO, Celso Antônio Bandeira de. *Discricionariedade e controle jurisdicional.* 2. ed. São Paulo: Malheiros, 1993. p. 48.

[314] ZANCANER, Weida. *Da convalidação e da invalidação dos atos administrativos.* 3. ed. São Paulo: Malheiros, 2008. p. 57.

[315] Op. cit., p. 128.

[316] "E não confundamos essa discussão – tão relevante para a teoria do Direito – com a separação feita pelo Direito administrativo entre atos discricionários e atos vinculados, ambos diferentes de atos arbitrários. Trata-se, sim, de discutir – ou, na verdade, pôr em xeque – o grau de liberdade dado ao intérprete em face da legislação produzida democraticamente, com dependência fundamental da Constituição". (STRECK, Lenio Luiz. *Dicionário de hermenêutica:* quarenta temas fundamentais da teoria do direito à luz da crítica hermenêutica do direito. São Paulo: A Casa, 2017. p. 54).

[317] DI PIETRO, 2012, p. 130.

[318] MOREIRA NETO, Diogo de Figueiredo. *Legitimidade e discricionariedade:* novas reflexões sobre os limites e controle da discricionariedade. 2. ed. Rio de Janeiro: Forense, 1991. p. 33.

[319] Ibidem, p. 40.

é o mérito. Sob influência do direito italiano, o direito brasileiro emprega tal vocábulo relacionado com o princípio da oportunidade e da conveniência, à luz do interesse público.[320] E a avaliação do que é oportunidade e conveniência "[...] abrange um *mare magnum* de reflexões do agente no apreciar o motivo do ato administrativo para depois editá-lo, ou abster-se disso, ponderando sobre hora, dia, lugar [...]".[321] Ademais, essa avaliação não é contrária à legalidade.[322] O mérito administrativo, na esteira de Miguel Seabra Fagundes, compreende aspectos de justiça, moralidade, utilidade, equidade e razoabilidade, em suma, reside no sentido político do ato administrativo.[323] Criticamente, Luis Manuel Fonseca Pires assevera haver, com frequência, decisões que voluntariamente recusam a legitimidade do controle jurisdicional, "como se a palavras "mérito" comportasse alguma invocação mágica".[324]

Acerca dos conceitos jurídicos indeterminados, há duas principais posições na doutrina, uma reconhecendo a discricionariedade nesses casos, e outra não reconhecendo. Os que não a conferem entendem que há uma única solução válida possível, não obstante a necessidade de interpretação do caso.[325] Os que a conferem entendem que é possível vislumbrar discricionariedade naqueles casos em que se trate de valoração e apreciação do interesse público.[326] Marcos Vinícius Filgueiras Júnior, em pesquisa a respeito dos conceitos jurídicos indeterminados e da discricionariedade administrativa, conclui o seguinte da relação em análise:

> 12. tanto a discricionariedade quanto a interpretação laboram sobre o caso concreto e ambas requerem a apreensão do conteúdo normativo,

---

[320] DI PIETRO, 2012, p. 127.
[321] CRETELLA JÚNIOR, José. O mérito do ato administrativo. *Revista de Direito Administrativo*, Rio de Janeiro, v. 79, p. 23-37, jun. 1965. ISSN 2238-5177. Disponível em: http://bibliotecadigital.fgv.br/ojs/index.php/rda/article/view/26727/25595. Acesso em: 09 ago. 2021. p. 31. (Grifos do autor).
[322] Ibidem, p. 32.
[323] FAGUNDES, Miguel Seabra. *O controle dos atos administrativos pelo poder judiciário*. São Paulo: Saraiva, 1984. p. 127.
[324] PIRES, Luis Manuel Fonseca. *Controle judicial da discricionariedade:* dos conceitos jurídicos indeterminados às políticas públicas. Rio de Janeiro: Elsevier, 2009. p. 216-217.
[325] DI PIETRO, 2012, p. 131.
[326] Idem.

isto é, ambas realizam juízo de juridicidade. São atividades que se identificam do ponto de vista lógico. No entanto, diferem-se do ponto de vista jurídico; 12.1. a discricionariedade se vale do resultado da interpretação para ir além dela, como uma forma de superá-la. Por isso, pode-se dizer que a discricionariedade é também um problema de interpretação; 12.2. a interpretação não poderá esgotar ou exaurir o conteúdo dos enunciados normativos, de modo a encontrar uma única solução dentre várias possíveis. A escolha da solução mais adequada ao caso concreto, para atendimento do interesse público, revela a atividade discricionária. Portanto, a atividade discricionária é mais específica que a atividade interpretativa. Por isso também, a atividade de preenchimento dos conceitos jurídicos indeterminados por parte do agente público não se confunde com a atividade interpretativa.[327]

Na visão do autor, a discricionariedade administrativa, embora por vezes confundida com liberdade de escolha do agente público, ocorre após o juízo interpretativo, isto é, revelando-se na melhor escolha para o caso concreto em vista do interesse público e, desse modo, o "preenchimento" dos conceitos indeterminados pelo decisor/agente não se confunde com interpretação.

Possível ainda sustentar o princípio constitucional da moralidade administrativa (art. 37, *caput*, da CF/88) como o pano de fundo na análise do mérito da Administração. Soma-se a isso o fato de que "[...] O ato ou contrato administrativo realizado sem interesse público configura desvio de finalidade",[328] conseguintemente, ferindo a moralidade administrativa. Ao discorrer sobre a temática, Luis Manuel Fonseca Pires aduz que o controle judicial pode ocorrer por violação a um princípio da Administração Pública ou pelo desvio de finalidade.[329] Na situação de desvio de finalidade, cuida-se, pois, de um "vício de finalidade", isto é, vício na realização do interesse público (sentido amplo) e no resultado específico (sentido estrito).[330]

---

[327] FILGUEIRAS JÚNIOR, Marcus Vinícius. *Conceitos jurídicos indeterminados e discricionariedade administrativa*. Rio de Janeiro: Lumen Juris, 2007. p. 200-201.
[328] MEIRELLES, Hely Lopes. *Direito administrativo brasileiro*. 42. ed. São Paulo: Malheiros, 2016. p. 91.
[329] PIRES, Luis Manuel Fonseca. *Controle judicial da discricionariedade*: dos conceitos jurídicos indeterminados às políticas públicas. Rio de Janeiro: Elsevier, 2009. p. 279.
[330] Ibidem, p. 249.

Apropriando-se da classificação de Agustín Gordillo, Luis Manuel Fonseca Pires colaciona a classificação em sentido amplo e estrito para clarear o desvio de finalidade, cujos casos surgem: "[...] para atender a um interesse pessoal, para atender a um interesse de terceiro ou para atender ao interesse público quando o interesse específico é distinto do contemplado no ordenamento".[331] É certo que determinados elementos de convicção do agente dependeriam da situação fática, e são relevantes para a determinação do desvio de finalidade. Porém, à luz da possibilidade de vislumbrar-se objetivamente o ilícito, o elemento subjetivo torna-se dispensável.[332] [333]

Nesse sentido, trata-se do desencontro entre a finalidade legal e a finalidade a que o ato serviu.[334] Para Celso Antônio Bandeira de Mello, "como a norma abstrata é fonte de validade da norma individual, se esta (ato) não expressa, *in concreto*, a finalidade daquela (lei), terá desbordado de sua fonte de validade. Daí o ser inválida".[335] Ou seja, é possível se determinar objetivamente a ocorrência de desvio de finalidade. Aliás, tal descompasso objetivo é, ainda, inconvalidável.[336] Importante lembrar da lição de Juarez Freitas que concebe que a finalidade "[...] pressupõe a observância dos limites finalísticos estatuídos pelo vinculante novo papel do Estado, em termos de respeito ao direito fundamental à boa administração pública".[337]

---

[331] Ibidem, p. 253.
[332] Ibidem, p. 260-261.
[333] Objeto do presente estudo, relevante registrar reflexão de Thiago Priess Valiati sobre essa espécie de responsabilização objetiva dos agentes públicos, à luz da nova LINDB: "É exatamente esse amplo espaço discricionário de atuação do controlador que a Nova Lei de Introdução visa coibir. A nova racionalidade decisória vem barrar esse tipo de interpretação, porquanto passa a exigir do controlador que demonstre através de provas concretas que o ato praticado pelo agente público estaria eivado da intenção de ferir a probidade administrativa." (VALIATI; Thiago Priess; MUNHOZ, Manoela Virmond. O impacto interpretativo da Lei nº 13.655/2018 na aplicação da Lei de Improbidade Administrativa: a confiança no agente público de boa-fé para inovar na Administração Pública. *R. Bras. de Dir. Público – RBDP*, Belo Horizonte, v. 16, n. 62, p. 1-284, jul./set., 2018. p. 179).
[334] MELLO, Celso Antônio Bandeira de. *Discricionariedade e controle jurisdicional*. 2. ed. São Paulo: Malheiros, 1993. p. 73.
[335] Idem.
[336] ZANCANER, Weida. *Da convalidação e da invalidação dos atos administrativos*. 3. ed. São Paulo: Malheiros, 2008. p. 97.
[337] FREITAS, Juarez. *Discricionariedade administrativa e o direito fundamental à boa administração pública*. 2. ed. São Paulo: Malheiros, 2009. p. 20.

Alguns autores compreendem que o "dogma da insidicabilidade do mérito administrativo" seria uma ameaça ao sistema constitucionalmente assegurado, já que permite ao gestor atuar contrariamente aos valores constitucionais. Desta feita, observa-se que o controle judicial dos atos administrativos discricionários se mostra legítimo na contemporaneidade, tendo a ideia de deferência e insidicabilidade sido superadas. Todavia, preocupa o ativismo judicial desmedido cada vez mais presente e ditador das regras da Administração Pública.[338]

No campo do controle, cumpre-se discorrer acerca da invalidação e da convalidação dos atos administrativos. Segundo Weida Zancaner, invalidação é "a eliminação *ex tunc*, de um ato administrativo ou da relação jurídica por ele gerada ou de ambos, por haverem sido produzidos em dissonância com a ordem jurídica".[339] Porém, nem sempre esse será o efeito da invalidação.[340] Celso Antônio Bandeira de Mello afirma que o efeito *ex tunc* pode ser notado nos atos restritivos, ao passo que o efeito *ex nunc* aparece sempre nos atos ampliativos[341] (de direitos). Em geral, a irretroatividade dos efeitos opera em defesa dos direitos dos terceiros de boa-fé.[342]

Ademais, os sujeitos ativos da invalidação são o Poder Judiciário e a própria Administração Pública. A Administração Pública pode invalidar seus atos espontaneamente ou sob provocação, muito embora existam limites a esse poder-dever.[343] O Poder Judiciário tem a possibilidade de invalidação dos atos no âmbito do processo judicial.[344] Além disso, a invalidação é

---

[338] Cf. SABOIA, Jéssica Ramos; SANTIAGO, Nestor Eduardo Araruna. Garantismo e ativismo judicial: uma análise da presunção do estado de inocência e da sua relativização pelo STF. *Revista de Direitos Fundamentais & Democracia*, Curitiba, v. 23, n. 2, p. 53-74, mai./ago. 2018. p. 59. Aqui se faz referência ao aspecto negativo do ativismo judicial: "a primeira é descrita como aquela na qual o Poder Judiciário atua de forma patológica, em contrariedade à Constituição Federal, tendo por seguintes características: atuação como legislador positivo; ofensa ao princípio da separação dos Poderes; desconsideração por precedentes jurisprudenciais; e decisões judiciais viciadas por decisionismo político".
[339] ZANCANER, 2008, p. 53.
[340] MELLO, Celso Antônio Bandeira de. *Curso de direito administrativo*. 32. ed. São Paulo: Malheiros, 2014. p. 427.
[341] Idem.
[342] Ibidem, p. 53.
[343] Ibidem, p. 54.
[344] Idem.

apenas uma das formas de se recompor a ordem jurídica violada, tendo em vista que esse ato pode ser ainda convalidado. Assim, a convalidação seria o "ato exarado pela Administração Pública que se refere expressamente ao ato a convalidar, para suprir seus efeitos e resguardar os efeitos por ele produzidos".[345] Em suma, a administração deve convalidar o ato, quando este o admitir, sendo a invalidação a *ultima ratio*.[346] No que diz respeito aos limites da convalidação dos atos,

> A impugnação do interessado constitui barreira ao dever de convalidar, isto é, a Administração Pública não mais poderá convalidar seus atos eivados de vícios, mas passíveis de convalidação, quando estes forem impugnados pelo interessado. Merecem ressalva os atos *obrigatoriamente sanáveis*, que são aqueles com irrelevante defeito de formalidade. Estes atos, conforme veremos no Capítulo 6, são sempre convalidáveis, haja ou não impugnação.[347]

Outro óbice à convalidação é o decurso do tempo, que pode gerar a estabilidade do ato, isto é, opera-se aqui o instituto da prescrição.[348] O mesmo ocorre com a invalidação, cuja barreira reside apenas no decurso do tempo.[349] Isto é, a invalidação também ocorre no campo judicial, isto é, o controle jurisdicional exercido sobre os atos administrativos, inclusas as decisões administrativas, cuja possível invalidação resulta de decisão judicial.

Importante salientar que os sistemas de IA são capazes de praticar atos administrativos. Isso porque existe uma gama de atos não necessariamente decisórios, como, por exemplo, a expedição de uma declaração pela Administração Pública. Trata-se de mera constatação de fato, de um "sim" ou "não", de um "consta" ou "não consta" por parte da Administração. Contudo, reforça-se que o objeto de dissertação da presente pesquisa é especificamente o ato administrativo de conteúdo decisório e sua respectiva motivação.

---

[345] Ibidem, p. 65.
[346] Ibidem, p. 66.
[347] ZANCANER, 2008, p. 72.
[348] Ibidem, p. 73.
[349] Ibidem., 2008, p. 75.

3.4 IA no atendimento aos parâmetros de fundamentação das decisões administrativas e judiciais

3.4.1 Entre racionalismo, positivismo (voluntarismo) e decisões pela IA: (im)possibilidade jurídica do juiz-robô no Brasil

Conforme observado no início deste capítulo, cujas primeiras reflexões se apoiaram na obra de Luís Greco, o pesquisador se ateve na primeira parte de seu livro a investigar a possibilidade fática do juiz-robô. Entretanto, apesar da realizabilidade do juiz-robô, a questão de sua possibilidade fática é distinta de sua possibilidade jurídica. Veja-se que, ao se considerar a IA para as decisões administrativas e judiciais, está se buscando, ainda que indiretamente, a implementação da teoria da decisão em sistemas artificiais ou pesquisas de IA, sendo fundamental que, ao se discutir a possibilidade jurídica de sua implementação, notadamente no contexto brasileiro, averigue-se os aspectos de justificação da decisão pelo juiz-robô, conforme preconizam Tarek Besold e Sara Uckelman em pesquisa conjunta do Departamento de Ciência da Computação de Londres e do Departamento de Filosofia da Universidade de Durhamn:

> Any discussion of the implementation of decision theory into artificial systems or AI research cannot overlook the importance of the role that explanations play in automated decision-making. Due to the "imperfect" nature of human beings when held to the normative standards set by classical models of decision-making, the latter are inadequate for providing decisions which can be explained in real-life contexts.[350]

---

[350] "Qualquer discussão sobre a implementação da teoria da decisão em sistemas artificiais ou pesquisa de IA não pode ignorar a importância do papel que as explicações desempenham na decisão automatizada. Devido à natureza 'imperfeita' do ser humano quando se apega a padrões normativos estabelecidos por modelos clássicos de tomada de decisão, os últimos são inadequados para fornecer decisões que podem ser explicadas em contextos da vida real". (Tradução livre). (BESOLD, T. R., UCKELMAN, S. L. *The what, the why, and the how of artificial explanations in automated decision making.* [s. l.], 2018. Disponível em: https://arxiv.org/pdf/1808.07074.pdf. Acesso em. 01 ago. 2021).

Para Luís Greco, existem duas barreiras jurídicas à introdução do juiz-robô: uma no direito positivo e outra em um plano pré-positivo.[351] O autor compara o direito alemão com o brasileiro, revelando que no país germânico a introdução do juiz-robô encontraria óbice na legislação correspondente, como a Lei Alemã de Juízes e no princípio constitucional da reserva de lei.[352] Tecendo comentários a respeito do direito brasileiro, Luís Greco afirma que não descartaria de pronto a possibilidade jurídica no âmbito pátrio, especialmente porque o Poder Judiciário brasileiro tem amplos poderes para a criação de direito. Assim, seja por meio de lei, seja por meio de ato normativo, a adoção do juiz-robô ainda teria que ser compatível com o que o autor denominou "direito de hierarquia superior", tanto no Brasil como na Alemanha.[353] No caso alemão, assevera o autor, haveria ainda a necessidade de se observar o direito comum europeu.

Discorrendo a respeito da Constituição Brasileira, Luís Greco afirma que se pode falar em uma barreira de natureza constitucional indicada pela hipótese do juiz natural – apenas uma pessoa humana pode ser juiz.[354] O autor cita o art. 5º, XXXVII e LIII, da Constituição, defendendo, entretanto, não encontrar razões diferentes da contingência histórico-temporal para se defender uma interpretação restritiva do disposto constitucional.[355] Segundo o autor, o direito positivo não resolve a questão, existindo algumas características essenciais do que se reconhece como direito, as quais a máquina não ostenta, configurando-se, nesse sentido, em limitações técnicas.[356]

Este é um ponto de parcial divergência com o autor, conforme se fundamentará nos próximos pontos do capítulo. Na verdade, trata-se de um ponto suplementar. Apesar de Luís Greco entender que o direito positivo não resolve a questão, a pesquisa desenvolvida e traduzida na

---

[351] GRECO, Luís. *Poder de julgar sem responsabilidade de julgador:* a impossibilidade jurídica do juiz-robô. São Paulo: Marcial Pons, 2020.

[352] Idem.

[353] Idem.

[354] Idem. Entretanto, Cf. ARAS, Vladimir. A inteligência artificial e o direito de ser julgado por humanos. *In*: PINTO, H. A; GUEDES, J. C.; CERQUEIRA, J. P. (Coord.). *Inteligência artificial aplicada ao processo de tomada de decisões.* Belo Horizonte: D'Plácido, 2021. p. 85-130.

[355] Idem.

[356] Idem.

presente dissertação tem demonstrado que o texto jurídico-normativo vigente pode ser capaz de sustentar algumas conclusões antes mesmo que se investigue, como propõe Greco, "a natureza do direito".

Luís Greco suscita que a ideia do juiz-robô seria, então, o sonho racionalista do juiz como máquina de subsunção, hipótese superada há mais de duzentos anos.[357] O autor não vê qualquer contradição entre robô como juiz e a ideia de direito. Para Luís Greco, porém, o juiz-robô significa "poder de julgar sem responsabilidade de julgador", o que implicaria que a conexão entre poder e responsabilidade, intrínseca ao direito, fosse mitigada justamente no Judiciário. Acerca da asserção feita pelo autor, ele mesmo contrapõe que existem duas "linhas de ataque" contra a argumentação do juiz-robô como julgador sem responsabilidade. A primeira questiona a inexistência de responsabilidade, ao passo que a segunda questiona a ideia de responsabilidade humana. Em conclusão, porém, o autor exara que a argumentação que teve a pretensão de desenvolver exclui o juiz-robô, mesmo em situações em que as decisões sejam melhores do que as humanas.[358] Isso se justificaria, segundo Luís Greco, pelo mesmo argumento da recusa do ditador e da inexistência de liberdade irrestrita do médico para decidir de forma livre a respeito do tratamento a ser dispensado ao paciente.[359]

Pra Luís Greco, em breve os seres humanos poderão tornar o juiz humano obsoleto por meio da IA, mas, em sua visão, é juridicamente inapropriado, porquanto quem exerce poder sobre um outro deve assumir a responsabilidade correspondente, situação que supera as capacidades da máquina, isenta da vulnerabilidade e efemeridade humanas.[360] Segundo o pesquisador, nos pouquíssimos casos em que o juiz-robô não é ilegítimo há consenso de todos os afetados, operando-se apenas um árbitro-robô ou a delegação de atividade administrativa/executiva, alertando, entretanto, que mesmo o assessor-robô não deve ser institucionalizado,[361] em virtude

---

[357] Idem.
[358] Ibidem.
[359] Ibidem.
[360] Idem.
[361] Relembre-se da dinâmica do juiz-leigo referida no Capítulo 2. Ademais, José Teshiner e Marcos Jobim fazem coro: "Essa distinção é levada ao extremo quando não há identidade

da "tentação dificilmente resistível", da entrega, de fato, da tomada de decisão à IA.[362] [363]

De fato, o que se pode verificar das ilações supra é a irresistibilidade de o decisor não questionar as decisões da máquina, justamente porque, do ponto de vista material, uma máquina consegue realizar a análise de milhões de decisões administrativas e/ou judiciais e combinações que o ser humano médio não possui capacidade. Quando se transmuta a análise à esfera administrativa, o quadro piora, pois, as chances de o administrador/gestor discordar do sistema inteligente são, sem sombra de dúvidas, mínimas.

Conforme aventado, diferentemente de Luís Greco, sustenta-se que o direito positivo brasileiro dá conta de esclarecer o imbróglio jurídico da decisão algorítmica, notadamente a partir da legislação de regência da fundamentação das decisões administrativas e judiciais. Antes, porém, cabe incursão breve no positivismo jurídico com o fito de centralizar a análise.

O positivismo jurídico tem suas raízes na visão de direito ocidental do século XIX, derivando do positivismo científico, tendo como principal marca a busca por certezas e objetividade na aplicação do direito.[364] Relevante salientar, contudo, que foram variadas as versões do positivismo ao longo do tempo. Ainda assim, é possível identificar características e denominadores comuns às versões que foram surgindo, tendo principalmente os países europeus como vetor. Segundo Lenio Streck, "o juiz conhece o Direito positivado pela autoridade e faz uma dedução ao caso concreto, como uma adequação da coisa ao intelecto, uma verdadeira

---

entre quem decide e quem fundamenta a decisão, como na hipótese, nem tão rara, de o juiz requisitar de seu assessor um projeto de decisão no sentido de acolher ou rejeitar o pedido, de dar ou negar provimento ao recurso. É claro, porém, que o Código de Processo Civil não leva em conta essa possível anomalia. Trata da sentença como ato subjetivamente uno: o juiz que conclui, resolvendo as questões que as partes lhe submeteram, é, pois (ou deve ser), o mesmo juiz que analisa as questões de fato e de direito". (TESHINER, José Maria; JOBIM, Marcos Félix Jobim. Tribunais superiores e juízes inferiores: reflexões sobre o Judiciário, precedentes vinculantes e fundamentação das decisões judiciais. *R. Bras. Dir. Proc.* – *RBDPro*, Belo Horizonte, a. 25, n. 98, p. 143-154, abr./jun. 2017. p. 148).

[362] Idem.

[363] A esse respeito, recorde-se das asserções do Capítulo 2 a respeito da dinâmica do juiz leigo e do juiz supervisor nos juizados especiais.

[364] STRECK, Lenio. *Dicionário de hermenêutica*: quarenta temas fundamentais da teoria do direito à luz da crítica hermenêutica do direito. São Paulo: A Casa, 2017. p. 159.

correspondência".³⁶⁵ As mais diversas versões do positivismo jurídico, segundo o autor, têm o seguinte ponto em comum: "a pretensão de metodologicamente assumir um caráter descritivo de cunho adequacionista", e "[...] tratam a verdade como uma adequação do intelecto ao objeto".³⁶⁶

Para a investigação proposta na presente dissertação, não faz sentido a análise descritiva, conceitual ou exaustiva das versões/visões de positivismo jurídico, porquanto o que se está a clarificar neste ponto-síntese da argumentação trabalhada ao longo do texto é a similaridade dos raciocínios a serem empregados pelo juiz-robô (sistema de inteligência artificial) com a visão sustentada pelo positivismo jurídico que, na atualidade, coexiste com outras visões de direito ou "movimentos" intelectuais diversos a respeito da decisão jurídica adequada.

Não se vislumbra outra vereda aos sistemas de IA capazes de (re)produzir decisões administrativas ou judiciais, senão a tomada de decisões a partir de um *database* do direito posto, abarcando formas de dizer o direito além da literalidade gramatical da legislação vigente, diferenciando-se de uma possível exegese,³⁶⁷ mas revisitando o positivismo jurídico. Conforme asseverou Greco, o juiz como máquina de subsunção foi superado há séculos.

De toda sorte, o risco de se retroceder à "boca da lei" é evidente, porquanto a discussão de incorporação e generalização dos sistemas de IA no judiciário e órgãos de controle – sem olvidar a própria tomada de decisões pela Administração em outros âmbitos –, conforme visto anteriormente, já não tem espaço profícuo, cabendo apenas a mitigação dos riscos de sua adoção

---

³⁶⁵ Ibidem, p. 160.
³⁶⁶ Ibidem, p. 161.
³⁶⁷ "O método de interpretação utilizado pelos intérpretes da Escola Exegética era, em princípio, o método gramatical, método este que limita estritamente o intérprete ao texto da lei. As principais características da Escola da Exegese eram: a inversão das relações tradicionais entre direito natural e direito positivo, a onipotência do legislador, a interpretação da lei fundada na intenção do legislador, o culto ao texto da lei e o respeito pelo princípio da autoridade. Tais características fizeram com que os intérpretes desta escola obtivessem uma visão limitada do Direito. A interpretação feita pelos membros da Escola da Exegese influenciou em vários aspectos a forma como o Direito é visto hoje. São inúmeros os reflexos deixados por essa escola que influenciaram a interpretação do direito nos dias atuais". (MAIA NETO, João Carlos. Escola da Exegese. *Revista Jurídica da Faculdade 7 de setembro*, vol. 3, n. 1, abr. 2006. p. 171).

generalizada, como o risco de delegabilidade, consciente ou não, das decisões administrativas e judiciais ao "espírito" predecessor do juiz "máquina de subsunção".

A interpretação jurídica, conforme aduzem Tercio Ferraz Júnior e Juliano Maranhão, busca critérios para a identificação do justo e do injusto, sendo tarefa bem mais árdua do que a mera identificação do sentido do texto normativo.[368] Ainda segundo os autores, o jurista não interpreta do mesmo modo que o ser humano o faz em suas conversações ordinárias, mas sim "[...] pressupõe que, no discurso normativo, são fornecidas razões para agir de um certo modo e não de outro, que refletem escolhas do legislador a partir de um conjunto de crenças e preferências. Essas razões, portanto, se destinam a uma tomada de posição acerca do que é justo ou injusto, em determinados casos relevantes (de potencial conflito)".[369] Isto é, o raciocínio próprio estimulado pelo jurista constitui um pensar e um interpretar diverso do raciocínio interpretativo ordinário, sendo possível advogar uma lógica material *do* e não *no* direito.[370] Assim,

> Nos casos de complexidade, vagueza e busca de intenção do emissor da comunicação normativa jurídica, a problemática da justiça pode vir novamente à tona, o que tornaria a interpretação virtualmente indecidível se tomada como uma especulação zetética sobre o significado ou a definição de critérios últimos de justiça. Diante desse problema, a dogmática interpretativa, dentro de sua missão prática de criar condições para a decidibilidade dos conflitos, busca racionalizar e domesticar o sentido das normas através de recursos pragmáticos de reconstrução do ordenamento, com o estabelecimento de novas distinções, definições, esquemas de interpretação ou mesmo regras, capazes de jogar com os códigos linguísticos (fortes e fracos) das normas. Por meio dessas técnicas, a dogmática realiza escolhas, valorações e tomadas de posição ideológica acerca da justiça material (justeza ou senso do justo) subjacente às normas, em nome, porém, da figura fictícia do legislador racional que lhe permite reconstruir racionalmente o conteúdo do ordenamento em um sistema de soluções gerais e abstratas para hipóteses relevantes.[371]

---

[368] FERRAZ JÚNIOR, Tercio Sampaio; MARANHÃO, Juliano Souza de Albuquerque. Função pragmática da justiça na hermenêutica jurídica: lógica do ou no direito? *Revista do Instituto de Hermenêutica Jurídica – RIHJ*, Belo Horizonte, a. 1, n. 5, jan./dez. 2007.
[369] Ibidem, p. 25.
[370] Ibidem, p. 26.
[371] Idem.

Seria a IA capaz de reproduzir essa lógica do direito? Aparentemente, para casos não estruturantes ou menos complexos, é possível afirmar a existência de sistemas de IA capazes de minutar decisões. Segundo Luís Greco, o *jusracionalista*[372] tende a ser mais receptivo à tecnologia de IA, especialmente se, racionalmente, a decisão da máquina for tão boa quanto a decisão humana. É, contudo, no eixo do voluntarismo/racionalismo que o positivismo analítico, as teorias da argumentação[373] e os pós-positivistas[374] encontram-se insertos. José Renato Gaziero Cella resume o debate:

> a tensão entre política (poder) e direito se vê que, historicamente, há uma oscilação entre voluntarismo e racionalismo, em que as posturas voluntaristas, de que o positivismo jurídico faz parte, tendem a reduzir a atividade da interpretação a uma singeleza técnica de encontrar a solução jurídica de forma subserviente às fontes do direito derivadas da vontade política, sem qualquer intuito de criação jurídica autônoma, de modo que não se "pensa" o direito, mas, em vez disso, obedece-se o direito. Já as posturas racionalistas, que entraram em evidência nos períodos históricos em que as normas estabelecidas não correspondiam às necessidades normativas vigentes no momento de sua aplicação, propunham técnicas de encontrar racionalmente o justo, tal qual se dá atualmente com a visão argumentativa e interpretativa do direito, em que se pensa que o direito pode ser definido pelo seu viés argumentativo, de maneira que a atividade dos juristas seria a de fixar o caminho que a razão terá de percorrer para encontrar a solução jurídica.[375]

---

[372] Para Greco, o *jusracionalista* seria o adepto da tese que não enxerga na autoridade, mas sim no poder de convencimento da *ratio* o núcleo do direito. (GRECO, Luís. *Poder de julgar sem responsabilidade de julgador*: a impossibilidade jurídica do juiz-robô. São Paulo: Marcial Pons, 2020, p. 43).

[373] Segundo Teresinha Pires, as teorias da argumentação jurídica tiveram por objetivo sedimentar um modelo racional de interpretação das leis, capaz de combater o decisionismo e a arbitrariedade judiciais, tendo como exemplos as teorias de Robert Alexy, Neil MacCormick e Klaus Günther. (PIRES, Teresinha Inês Teles. Teorias da argumentação jurídica e a prática discursiva do supremo tribunal federal: metodologias analíticas e estudo de casos (AC 4.070/DF E ADI 5526/DF). *Rev. direitos fundam. democ.*, v. 24, n. 2, p. 102-127, mai./ago. 2019).

[374] Lenio Streck assevera que o "pós-positivismo no Direito pode ser compreendido com um amplo movimento de (tentativa de) ruptura/superação do Positivismo Jurídico, evidenciando as limitações deste paradigma ante a complexidade do mundo hodierno". (STRECK, Lenio. *Dicionário de hermenêutica*: quarenta temas fundamentais da teoria do direito à luz da crítica hermenêutica do direito. São Paulo: A Casa, 2017. p. 211).

[375] CELLA, José Renato Gaziero. Positivismo jurídico no século XIX: relações entre direito e moral do ancien régime à modernidade. *Anais...* XIX Encontro Nacional do CONPEDI realizado em Fortaleza – CE nos dias 09, 10, 11 e 12 de Junho de 2010. p. 5480-5501. p. 5480.

O argumento de Luís Greco, que não se refuta no âmbito deste trabalho, mas que se mostra apressado ao, de pronto, entender que o direito positivo não resolve a questão posta a respeito da possibilidade jurídica ou não do juiz-robô, funda-se na indesejabilidade de uma jurisdição artificial, por ser, basicamente, antidemocrático delegar à IA a decisão judicial em vista de suas características intrínsecas a uma futura imprevisibilidade decisória.

De outro vértice, verifica-se que, no âmbito do ordenamento jurídico brasileiro – e, possivelmente, de outros sistemas similares –, o direito positivo já resolve a questão, sem a necessidade de se revisitar a natureza do direito. Isso porque, conforme se refletirá, o problema do juiz-robô, da IA nas decisões ou da jurisdição artificial é de ordem ainda mais primária: o próprio raciocínio de subsunção do fato à norma. Afigura-se necessário, para o raciocínio, um estudo preliminar dos parâmetros de fundamentação das decisões administrativas e judiciais no Brasil, o qual não prescindirá do estudo do direito posto.

3.4.2 Parâmetros da fundamentação das decisões administrativas e judiciais no Brasil

Regras de fundamentação das decisões administrativas e judiciais sempre foram objeto de questionamento por estudos a respeito da decisão jurídica mais adequada. No contexto brasileiro, a Constituição da República de 1988 prevê a nulidade da decisão judicial ausente de fundamentação, tamanha a relevância da observação deste dever pelo Poder Judiciário. Foi nesse sentido que a Lei 13.105/2015 (Código de Processo Civil) foi pensada, porquanto o novo regramento processual fez uma tentativa de esclarecer, por meio dos incisos do §1º do artigo 489,[376] o que (não) seria uma decisão

---

[376] "Art. 489. [...] §1º Não se considera fundamentada qualquer decisão judicial, seja ela interlocutória, sentença ou acórdão, que: I – se limitar à indicação, à reprodução ou à paráfrase de ato normativo, sem explicar sua relação com a causa ou a questão decidida; II – empregar conceitos jurídicos indeterminados, sem explicar o motivo concreto de sua incidência no caso; III – invocar motivos que se prestariam a justificar qualquer outra decisão; IV – não enfrentar todos os argumentos deduzidos no processo capazes de, em tese, infirmar a conclusão adotada pelo julgador; V – se limitar a invocar precedente ou enunciado de súmula, sem identificar seus fundamentos determinantes nem demonstrar que o caso sob julgamento se ajusta àqueles fundamentos; VI – deixar de seguir enunciado de súmula,

judicial fundamentada. Além disso, da leitura dos dispositivos da referida Lei, percebe-se claramente uma protagonização dos precedentes judiciais e da jurisprudência consolidada.

Nessa linha, e mais recentemente, a Lei de Introdução às Normas do Direito Brasileiro – LINDB foi alterada pela Lei 13.655/2018. A Lei alteradora teve por objetivo aprimorar a segurança jurídica e proporcionar efetividade ao Direito Público, acrescentando dez novos artigos à LINDB, os quais trataram de estabelecer parâmetros para a interpretação e aplicação desse ramo do direito. Tais mudanças tiveram como foco o Direito Público, porém, tratando-se da Lei de Introdução, aplicam-se a todo o direito. E, por força de expressa previsão do artigo 20 da legislação em comento, incidem nas esferas administrativa, controladora e judicial. Com efeito, verifica-se que tanto o Direito Processual Civil – disciplinado especialmente pelo Código de Processo Civil –, como o Direito Público em geral – que hoje possui nortes interpretativos afetos à decisão administrativa e judicial na LINDB –, tratam do dever de fundamentação da decisão.

No que tange à legislação processual civil, sustenta-se, a partir de Eduardo Cambi e Marcos Munaro, que uma interpretação adequada dos dispositivos da Lei 13.105/2015 (Código de Processo Civil) corresponde ao entendimento de que o contraditório é primordial para que a decisão judicial seja considerada fundamentada.[377] A ausência de contraditório, portanto, poderia em tese causar a nulidade da decisão. Isso decorre tanto da regra de fundamentação como da própria principiologia de "não surpresa" estabelecida pelo novo diploma processual. No que tange à receptividade dos tribunais, o Superior Tribunal de Justiça (STJ) tem sido relutante em aplicar as regras do artigo 489, §1º, notadamente no que diz respeito à necessidade de resposta a todos os pontos suscitados pelas partes, regra prevista pelo inciso IV do referido dispositivo.[378]

---

jurisprudência ou precedente invocado pela parte, sem demonstrar a existência de distinção no caso em julgamento ou a superação do entendimento."

[377] CAMBI, Eduardo Augusto Salomão; MUNARO, Marcos Vinícius Tombini. Dever de fundamentação das decisões judiciais (exegese do artigo 489, §1º, do Código de Processo Civil de 2015). *Revista Eletrônica de Direito Processual*, v. 20, n. 2, 2019. p. 152-153.

[378] Ibidem, p. 153.

Argumenta-se, na linha de Alexandre Bahia e Flávio Pedron, que igualmente ressaltam a questão da "não surpresa" e da necessidade de, hoje, o Direito Processual exigir uma decisão judicial substancialmente fundamentada, a existência de uma regra de transparência nas decisões exaradas pelo judiciário.[379] Isso quer significar que todos os elementos de convencimento do decisor devem estar explícitos na decisão, inclusive eventual raciocínio de colisão entre princípios. Esse ponto é inclusive reforçado pela Lei de Introdução, que, segundo Marçal Justen Filho, exige um processo de concretização claro.[380] Assim, há que se determinar o conteúdo dos valores abstratos utilizados como fundamento da decisão judicial, em atenção à "transparência valorativa".

Na esteira de Daniel Godoy, concebe-se que o controle público das decisões judiciais é exercido por meio da fundamentação.[381] Além disso, defende-se a necessidade de mudança da cultura jurídica predominante nos tribunais para que a justiça pátria progrida no quesito "fundamentação adequada".[382] Ainda, deduz-se que as alterações propostas pela nova Lei de Introdução às Normas do Direito Brasileiro têm o escopo de aprimorar a segurança jurídica no âmbito do Direito Público, por meio da adoção de diversos critérios interpretativos que agora devem ser observados tanto por órgãos de controle administrativo ou judicial, como pelos próprios administradores públicos.

Por meio do estudo do posicionamento recente de juristas como Marçal Justen Filho, José Vicente dos Santos Mendonça, Eduardo Jordão, Floriano Marques Neto e Egon Bockmann Moreira[383] – que escreveram sobre as mudanças na LINDB após a sua

---

[379] BAHIA, Alexandre; PEDRON, Flávio. A fundamentação substancial das decisões judiciais no marco do novo Código de Processo Civil. *Revista de Processo*, v. 256, p. 35-64, n. 2016.

[380] JUSTEN FILHO, Marçal. Art. 20 da LINDB: Dever de transparência, concretude e proporcionalidade nas decisões públicas. *Rev. Direito Adm.*, Edição Especial: Direito Público na Lei de Introdução às Normas de Direito Brasileiro – LINDB (Lei nº 13.655/2018), Rio de Janeiro, p. 13-41, nov. 2018. p. 27.

[381] GODOY, Daniel Polignano. *A fundamentação de decisões judiciais*: o art. 489 do Código de Processo Civil de 2015 e a exigência constitucional da fundamentação das decisões judiciais. Dissertação (Mestrado em Direito Processual Civil). Universidade Federal de Minas Gerais, Belo Horizonte, 2017. p. 109.

[382] Ibidem, p. 112.

[383] Cf. JUSTEN FILHO, Marçal. Art. 20 da LINDB: Dever de transparência, concretude e proporcionalidade nas decisões públicas. *Rev. Direito Adm.*, Edição Especial: Direito

publicação –, trabalha-se com a recente exigência de fundamentação das decisões administrativas e judiciais.

Marçal Justen Filho, em artigo científico sobre o tema, disserta a respeito do art. 20, da LINDB. O administrativista entende que a finalidade do art. 20 da Lei é reduzir o subjetivismo e a superficialidade das decisões estatais, obrigando aquele que decide a considerar as circunstâncias do caso concreto.[384] Aduz o jurista que a intenção do legislador em obstar a proliferação de decisões baseadas em valores jurídicos abstratos se deu em virtude de fórmulas gerais e vagas frequentes nas decisões, como o "interesse público", anteriormente aventado.[385] Para o autor, nenhuma decisão concreta pode ser extraída diretamente da invocação de fundamento indeterminado:[386]

> Nesses casos, a invocação a fórmulas gerais e imprecisas funciona como uma solução para encobrir uma preferência subjetiva da autoridade estatal. O sujeito investido da competência formula uma escolha

---

Público na Lei de Introdução às Normas de Direito Brasileiro – LINDB (Lei nº 13.655/2018), Rio de Janeiro, p. 13-41, nov. 2018; MENDONÇA, José Vicente Santos de. Art. 21 da LINDB: Indicando consequências e regularizando atos e negócios. *Rev. Direito Adm.*, [s. l.], p. 43-61, 2018. DOI: 10.12660/rda.v0.2018.77649. Disponível em: https://bibliotecadigital.fgv.br/ojs/index.php/rda/article/view/77649; MARQUES NETO, Floriano de Azevedo. Art. 23 da LINDB: O equilíbrio entre mudança e previsibilidade na hermenêutica jurídica. *Rev. Direito Adm.*, Edição Especial: Direito Público na Lei de Introdução às Normas de Direito Brasileiro – LINDB (Lei nº 13.655/2018), Rio de Janeiro, p. 93-112, nov. 2018; e MOREIRA, Egon Bockmann; PEREIRA, Paula Pessoa. Art. 30 da LINDB: O dever público de incrementar a segurança jurídica. *Rev. Direito Adm.*, Edição Especial: Direito Público na Lei de Introdução às Normas de Direito Brasileiro – LINDB (Lei nº 13.655/2018), Rio de Janeiro, p. 243-274, nov. 2018.

[384] JUSTEN FILHO, Marçal. Art. 20 da LINDB: Dever de transparência, concretude e proporcionalidade nas decisões públicas. *Revista de Direito Administrativo*, Rio de Janeiro, p. 13-41, nov. 2018. Disponível em: http://bibliotecadigital.fgv.br/ojs/index.php/rda/article/view/77648. Acesso em: 17 dez. 2018.

[385] O autor revive exemplo clássico do Direito Administrativo: "Assim, suponha-se o caso de desapropriação de imóvel de propriedade de um inimigo político, adotada como solução para retaliar a oposição no cenário político. Essa conduta é antijurídica e seria objeto de imediata invalidação, se os motivos reais fossem trazidos a público. Uma prática imaginável para impedir o reconhecimento da invalidade do ato consiste em invocar o 'interesse público' na desapropriação e afirmar que os interesses do particular não podem ser invocados para impugnar os atos administrativos – que se presumem como legítimos e orientados a promover o bem de todos". (JUSTEN FILHO, Marçal. Art. 20 da LINDB: Dever de transparência, concretude e proporcionalidade nas decisões públicas. *Revista de Direito Administrativo*, Rio de Janeiro, p. 13-41, nov. 2018. ISSN 22385177. Disponível em: http://bibliotecadigital.fgv.br/ojs/index.php/rda/article/view/77648. Acesso em: 17 Dez. 2018. doi: http://dx.doi.org/10.12660/rda.v0.2018.77648. p. 23).

[386] Ibidem, p. 23.

segundo processos psicológicos indeterminados. Em muitos casos, essa decisão até pode se configurar como arbitrária. A invocação a fórmulas genéricas apresenta uma dimensão retórica, destinada a impedir a crítica e a ocultar a solução arbitrária adotada.[387]

Nesse contexto, o autor expõe que se torna inviável prever a decisão que será adotada para casos concretos, em que pese se trate da aplicação das mesmas normas gerais e abstratas.[388] Ainda, o cenário descrito acima atinge o controle da Administração, situação em que a autoridade controladora adota "decisões favoráveis ou contrárias à solução consagrada na atividade originária, mas sem que a solução se evidencie como a única possível nem como a mais adequada".[389] No que diz respeito ao que Marçal Justen Filho entende como sendo "valores jurídicos abstratos", inicia-se a reflexão citando exemplos como justiça, bem comum, liberdade, interesse público e dignidade humana. Sobre a utilização dos valores abstratos no pensamento jurídico, sustenta: "pode-se afirmar que "o direito é orientado à realização da justiça". Nessa oração, o vocábulo "Justiça" apresenta-se como um "valor abstrato".[390]

Nessa seara, Marçal Justen Filho doutrina que a nova lei exige um processo de concretização claro desses "valores". Assim, há que se determinar o conteúdo dos valores abstratos utilizados como fundamento da decisão judicial, em atenção à "transparência valorativa".[391] Importante alerta feito pelo autor é que o art. 20 da LINDB não proíbe a invocação de valores jurídicos abstratos como motivação. Há, entretanto, a obrigatoriedade da avaliação das consequências práticas da incidência desse valor abstrato no caso concreto.[392] Assevera que a previsão dos efeitos práticos se

---

[387] Idem.
[388] Ibidem, p. 24.
[389] Ibidem, p. 25.
[390] JUSTEN FILHO, 2018, p. 26.
[391] Ibidem, p. 27.
[392] Conforme se explicitará, este é um ponto problemático do uso da IA no Judiciário e nas decisões administrativas em geral, pois o juiz-robô não ostenta ainda sensibilidade suficiente para que possa expressar as consequências práticas da decisão. Embora seja possível invocar que com dados suficientes a máquina será capaz de criar decisões novas, reproduzir anteriores, ainda que num exercício de tese-antítese, o fato de a LINDB ser recente torna dificultada inclusive a apreensão de decisões vinculantes, pois a jurisprudência ainda não está consolidada.

funda no conhecimento técnico e na experiência. Nas palavras do jurista: "o dispositivo exige que a autoridade competente formule uma projeção quanto aos possíveis cenários resultantes da decisão adotada. [...] Esses juízos fundam-se no conhecimento técnico-científico e na experiência da vida social".[393]

Destaca-se do supratranscrito três conclusões principais acerca do posicionamento do autor no que diz respeito à concretização dos valores abstratos e a sua concretude (demonstração das consequências práticas): há limites materiais na expressão dos cenários práticos (apenas os possíveis e relevantes);[394] a relação de causa e feito que se perfaz no "valor-conteúdo-consequência"; e fatores extrajurídicos.[395]

Quanto à "necessidade e adequação" da decisão, o autor concebe que significa o dever de impor restrições menos intensas aos interesses e valores em apreço.[396] Assim, "a ausência de previsão dos potenciais efeitos de uma decisão infringe a proporcionalidade-necessidade, cuja aplicação é impossível se a autoridade não formular uma projeção quanto aos efeitos práticos de sua decisão".[397] Nesse sentido, Marçal Justen Filho advoga que o julgador deve cogitar explicitamente as alternativas, exceto quando o caso demandar apenas uma solução. Além disso, é inválida a decisão que adotar solução de maior potencial restritivo de que outra de menor cujos efeitos são menos nocivos.[398]

---

[393] Op. cit.

[394] O autor faz menção à relevância social, política e econômica.

[395] Embora ainda pouco divulgado e mencionado, houve a publicação do Decreto nº 9.830/2019, que regulamenta os artigos 20 a 30 da LINDB. A esse respeito a norma dita o seguinte: "Motivação e decisão baseadas em valores jurídicos abstratos. Art. 3º. A decisão que se basear exclusivamente em valores jurídicos abstratos observará o disposto no art. 2º e as consequências práticas da decisão. §1º. Para fins do disposto neste Decreto, consideram-se valores jurídicos abstratos aqueles previstos em normas jurídicas com alto grau de indeterminação e abstração. §2º. Na indicação das consequências práticas da decisão, o decisor apresentará apenas aquelas consequências práticas que, no exercício diligente de sua atuação, consiga vislumbrar diante dos fatos e fundamentos de mérito e jurídicos. §3º A motivação demonstrará a necessidade e a adequação da medida imposta, inclusive consideradas as possíveis alternativas e observados os critérios de adequação, proporcionalidade e de razoabilidade". (BRASIL. *Decreto nº 9.830, de 10 de junho de 2019*. Regulamenta o disposto nos art. 20 ao art. 30 do Decreto-Lei nº 4.657, de 4 de setembro de 1942, que institui a Lei de Introdução às normas do Direito brasileiro. Brasília, DF: Presidência da República. Disponível em: http://www.planalto.gov.br/ccivil_03/_Ato2019-2022/2019/Decreto/D9830.htm. Acesso em: 11 ago. 2021).

[396] JUSTEN FILHO, 2018, p. 31.

[397] Idem.

[398] Ibidem, p. 33.

Sublinhe-se que na investigação proposta Marçal Justen Filho notou que o Código de Processo Civil de 2015 já havia identificado o problema das fundamentações genéricas. Segundo o autor, o art. 489, §1º,[399] do referido diploma processual, seria inclusive mais específico que a LINDB. O autor também afirma que as previsões da nova lei não surtem nenhum efeito relevante à atuação judicial, justamente em vista dessa previsão do CPC.[400] Outro fator interessante do artigo jurídico em apreço é a tese de que inexiste preponderância do consequencialismo com a promulgação da legislação em comento. Segundo o administrativista, a norma restringe-se a apenas exigir especificamente que "a autoridade estatal tome em consideração as consequências práticas da decisão adotada, inclusive para efeito de avaliação da proporcionalidade da decisão a ser adotada".[401]

José Vicente Santos de Mendonça, comentando o art. 21 da LINDB, afirma que há hoje no Brasil uma cultura de hipercontrole público. Tal cultura é identificada segundo cinco aspectos do controle: vagueza, opinião, performance, disputa e incremento.[402] O controle como vagueza ocorre em virtude de existirem "tipos vagos" nos textos normativos, a exemplo do art. 11, da Lei de Improbidade Administrativa,[403] fator que se soma à cultura principialista no Direito.[404] Ademais, a LIA não descreveu o que deveria ser tipificado,

---

[399] "Art. 489. São elementos essenciais da sentença: [...] §1º. Não se considera fundamentada qualquer decisão judicial, seja ela interlocutória, sentença ou acórdão, que: I – se limitar à indicação, à reprodução ou à paráfrase de ato normativo, sem explicar sua relação com a causa ou a questão decidida; II – empregar conceitos jurídicos indeterminados, sem explicar o motivo concreto de sua incidência no caso; III – invocar motivos que se prestariam a justificar qualquer outra decisão; IV – não enfrentar todos os argumentos deduzidos no processo capazes de, em tese, infirmar a conclusão adotada pelo julgador; V – se limitar a invocar precedente ou enunciado de súmula, sem identificar seus fundamentos determinantes nem demonstrar que o caso sob julgamento se ajusta àqueles fundamentos; VI – deixar de seguir enunciado de súmula, jurisprudência ou precedente invocado pela parte, sem demonstrar a existência de distinção no caso em julgamento ou a superação do entendimento".

[400] Op. cit., 2018, p. 39.

[401] JUSTEN FILHO, 2018, p. 38.

[402] MENDONÇA, José Vicente Santos de. Art. 21 da LINDB: Indicando consequências e regularizando atos e negócios. *Revista de Direito Administrativo*, [s. l.], p. 43-61, 2018. DOI: 10.12660/rda.v0.2018.77649. Disponível em: https://bibliotecadigital.fgv.br/ojs/index.php/rda/article/view/77649. Acesso em: 20 jan. 2019.

[403] "Art. 11. Constitui ato de improbidade administrativa que atenta contra os princípios da administração pública qualquer ação ou omissão que viole os deveres de honestidade, imparcialidade, legalidade, e lealdade às instituições, e notadamente: [...]."

[404] Lenio Luiz Streck constata que o "pamprincipiologismo" (na mesma linha do supramencionado "principismo") é uma tese simplista e mistificadora que entende que, na ausência

de fato, como ato de improbidade, tão menos previu um conceito explícito de ato ímprobo.[405]

Quanto ao controle como opinião, o estudioso da administração pública aduz que parte do exercício do controle pode esconder discordâncias de opiniões entre controladores e controlados sobre interpretação jurídica de normas ou de práticas.[406] Nesse sentido, para que essas opiniões jurídicas se sustentem, segundo o autor, há que se conquistar "boa reputação" junto à sociedade, por meio de atuações significativas, para que sua existência seja publicamente reconhecida. Esse é o controle como performance.[407] Segundo o autor, o controle como disputa se manifesta no "negar" da autoridade em determinado momento da cadeia de autorizações (autoridade recursal, judicialização, por exemplo). Para José Vicente Santos de Mendonça, essa disputa entre "os iguais" (controladores) é outra estratégia de obtenção de poder.[408]

O controle como incremento significa a existência de uma estrutura de incentivos para "controlar bem", "controlar sempre mais". Essa estrutura de incentivos pode ser de cunho eleitoral, funcional etc.[409] A partir disso, o autor conclui que o hipercontrole só favorece certos controladores – os vitoriosos –, ao passo que a sociedade e demais controladores perdem (dinheiro e potencial).[410] Após contextualizar o cenário de aplicação da nova LINDB conforme exposto acima, o autor descreve o que seria o consequencialismo

---

de leis apropriadas, o intérprete deve lançar mão de ampla principiologia e, na falta de um princípio, pode inclusive criá-lo. Afirma o teórico: "Sem qualquer possibilidade taxonômica acerca da matéria, esses enunciados (com pretensão assertórica e performativa) cumprem a função de metarregras. Com eles, qualquer resposta pode ser correta. Aliás, sempre haverá um enunciado desse jaez aplicável ao 'caso concreto', que acaba sendo "construído" a partir de grau zero de significado. Sua multiplicação se deve à errônea compreensão da tese de que os princípios proporcionariam uma abertura interpretativa, quando, na verdade, sua função é de fechamento interpretativo." (STRECK, Lenio Luiz. *Dicionário de hermenêutica*: quarenta temas fundamentais da teoria do direito à luz da crítica hermenêutica do direito. São Paulo: A Casa, 2017. p. 26-27).

[405] VALIATI, Thiago Priess; MUNHOZ, Manoela Virmond. O impacto interpretativo da Lei nº 13.655/2018 na aplicação da Lei de Improbidade Administrativa: a confiança no agente público de boa-fé para inovar na Administração Pública. *R. Bras. de Dir. Público – RBDP*, Belo Horizonte, v. 16, n. 62, p. 1-284, jul./set. 2018. p. 171.

[406] MENDONÇA, 2018, p. 45.

[407] Ibidem, p. 46.

[408] Idem.

[409] Idem.

[410] MENDONÇA, 2018, p. 45.

jurídico.[411] Entende o jurista que no sentido abrangente que o consequencialismo se faz presente na nova legislação. Em seguida, José Vicente Santos de Mendonça define o que seriam as consequências jurídicas e administrativas:

> Numa primeira aproximação ao tema, pode-se dizer que consequências jurídicas são estados futuros associados à interpretação ou à aplicação do Direito. O judiciário invalida a desapropriação. Uma das consequências jurídicas imediatas é o dever jurídico de se devolver a indenização ao expropriante. Servidor estável tem sua demissão invalidada administrativamente; consequência jurídica imediata é a reintegração ao cargo. Decisão judicial invalida norma de agência que proíbe a comercialização de medicamento; consequência lógico-jurídica é a liberação do comércio.[412]

Isto é, na mesma linha do que escreve Odete Medauar, o jurista entende que a consequência jurídica (de uma decisão judicial, a exemplo) diz respeito ao dever que dela decorre.[413] Em outra passagem o administrativista concebe que as consequências (jurídicas e administrativas) são estados de fato e de direito: admissíveis pela Constituição de 1988 e exequíveis; certos e prováveis, e não apenas plausíveis; mediatos e imediatamente futuros, mas não remotos no tempo; que se possa indicar alguma base lógica ou empírica de evidencialização.[414] Tais indicações são mais esclarecedoras do consequencialismo aventado: não é toda e qualquer consequência que é admitida (notadamente pela Constituição).

Após, José Vicente Santos de Mendonça pretende tecer explanações sobre como indicar as consequências. Inicia afirmando que o julgador não se obriga a indicar todas as consequências jurídicas e administrativas de decisão, apenas "as mais importantes" em termos

---

[411] "Pode-se dizer que o consequencialismo é característica de certa postura, interpretativa ou cognitiva, tendente considerar as consequências de ato, teoria ou conceito. O consequencialismo jurídico é, por sua vez, postura interpretativa que considera, como elemento significativo da interpretação do Direito, as consequências de determinada ação interpretativa". Ibidem, p. 47.
[412] Ibidem, p. 48.
[413] "Consequências jurídicas seriam estados futuros associados à atuação pública. Em muitos casos, a consequência jurídica diz do dever ou do direito que surge a partir da decisão, e a consequência administrativa é a sua decorrência material". Idem.
[414] MENDONÇA, 2018, p. 50.

econômicos, político-administrativos ou sociais.[415] O autor exemplifica com a hipótese de invalidação de contrato administrativo de serviços de limpeza numa escola pública, ocasião em que, para o autor, desta situação "decorrerão um sem número de consequências jurídicas e administrativas (o custo da evitação da ilegalidade ao erário; estratégias de realocação de alunos, etc.)".[416]

Sendo mais específico, Mendonça afirma que "a expectativa de qualidade do juízo sobre a certeza e o *timing* da consequência, e a respeito de sua evidenciação, muda de instituição julgadora para a instituição julgadora".[417] Isso quer significar que o Judiciário, por excelência, identifica a plausibilidade e o tempo das consequências jurídicas com mais precisão do que órgãos administrativos.[418] Assim, para que se cumpra com o dever de expressar tais consequências, o julgador fará uso de técnicas de diálogos intra e extraprocessuais, buscando simetria informacional.[419] Desta feita, o autor assevera que, ao pretender invalidar regulamento de telecomunicações que limita a radiofrequência, é recomendável que o julgador escute agentes econômicos, acadêmicos, membros da sociedade civil.[420]

Num viés topográfico, Mendonça sustenta que o julgador pode destinar o último capítulo de sua decisão para expressar as consequências ou a ausência delas, sendo importante estarem sustentadas por base empírica. Ainda: "consequência não é palpite, é derivação lógico-jurídica ou cogitação empiricamente sustentada".[421] Acerca da regularização proporcional, advoga o autor que é atinente à fundamentação do *decisum*, pelo que seu descumprimento pode acarretar inclusive invalidação por violação de lei federal.[422]

---

[415] Idem.
[416] Idem.
[417] Ibidem, p. 50.
[418] O autor ilustra: "com a invalidação, por tribunal judicial, de contrato de parceria público-privada, espera-se que a decisão indique os deveres de restituição de pagamentos e de retorno de bens afetados, e se contratos acessórios são válidos". (MENDONÇA, José Vicente Santos de. Art. 21 da LINDB: Indicando consequências e regularizando atos e negócios. *Revista de Direito Administrativo*, [s. l.], p. 43-61, 2018. DOI: 10.12660/rda.v0.2018.77649. Disponível em: https://bibliotecadigital.fgv.br/ojs/index.php/rda/article/view/77649. Acesso em: 20 jan. 2019).
[419] Idem.
[420] MENDONÇA, 2018, p. 51.
[421] Idem.
[422] Ibidem, p. 52.

José Vicente Santos de Mendonça também teoriza o que poderia ser a referida regularização. Segundo ele, seria: a identificação, para envolvidos e terceiros, dos efeitos pós-invalidação; e a construção das condições de possibilidade da validade jurídica do ato, negócio, processo ou norma.[423] Sendo proporcional e equânime por força do texto normativo, a regularização pode ocorrer por meio de períodos de transição, segundo sustenta. O autor afirma ainda que "interesses gerais não equivalem a interesses patrimoniais do Estado. O dever de regularização pode ter custo ao erário – mas é o custo de se fazer (o) direito".[424] O estudioso sintetiza as análises feitas a respeito da regularização:

> A regularização deve ser adequada: para a restauração da validade de decreto de utilidade pública, na desapropriação, deve-se indicar republicação, e não compra e venda. A regularização deve ser necessária: ergue-se hospital fora do gabarito; entre demoli-lo, ou obrigar a empresa a construir praça, opta-se pela segunda opção. A regularização deve ser proporcional em sentido estrito: verificam-se, no último mês de vigência, contratos temporários (art. 37, IX) celebrados com base em lei inconstitucional. Enquanto isso, concurso público para os mesmos cargos está para ser concluído. Os efeitos dos contratos devem ser mantidos até a posse dos aprovados.[425]

Por fim, vale destacar que José dos Santos Mendonça defende que houve uma alteração do estilo da decisão, da sua gramática, e que isso busca educar e constranger o julgador, melhorando positivamente a decisão pela invalidade.[426] Outro artigo de relevância prática na fundamentação das decisões administrativas e judiciais é o art. 21 da LINDB.

Eduardo Jordão, estudando o art. 22, argumenta que o dispositivo é um "pedido de empatia" com o gestor público.[427] Há, assim, prevenção na situação de o julgador se colocar na posição de tomar ou

---

[423] Ibidem., p. 53.
[424] Idem.
[425] Ibidem., p. 57.
[426] Ibidem., p. 55.
[427] Para reflexão provisória, repare que o texto legal pode ser interpretado desta maneira sem maiores ilações teóricas. Se o que se requer é a consideração das dificuldades reais do agente público e as exigências das políticas públicas a seu cargo, trata-se, sim, de um exercício de alteridade. Afinal e contas, confirme assevera Luis Recaséns Siches, "*uma norma jurídica es um pedazo de vida humana objetivada*". (SICHES, Luis Recaséns. *Nueva filosofia de la interpretación del derecho*. 2 ed. Editorial Porrua S. A.: México, 1973. P. 135).

substituir decisões administrativas, pois há que se considerar os ônus que o administrador enfrenta.[428] O administrativista afirma que tanto o parágrafo único como a cabeça do art. 22 se aplicam igualmente a controladores e controlados (autotutela dos atos administrativos).[429] Eduardo Jordão também sustenta que a presença da imposição de "consideração a obstáculos e dificuldades reais" implica no dever de que tais elementos integrem a motivação dos atos administrativos.[430] Em termos práticos, o jurista aduz que caberia ao controlador estabelecer diálogo com o gestor, ou até mesmo requerer informações, em caso de omissão.[431] De toda sorte, afirma que o julgador ainda deverá avaliar se os ditos "obstáculos e dificuldades" são realmente existentes e se houve impacto destes na atividade controlada.[432] O autor especifica:

> É também possível ao controlador considerar, a despeito de serem "reais", as dificuldades apontadas não teriam tido um efeito tão limitador quanto o gestor alegou. A lei, afinal, não criou um salvo conduto para o gestor, a quem bastaria mencionar dificuldades para ver-se livre do controle sobre seus atos. Ela apenas exigiu uma "consideração" destas dificuldades.[433]

Os obstáculos, a título de exemplificação, podem ser de natureza temporal, orçamentária e de pessoal, como a falta de verbas, tempo escasso para a execução da ação, déficit de pessoal, deficiências de material de escritório, infraestrutura para o trabalho etc. Assevera o autor que é preciso admitir que as condições em momento variam em todo o país, haja vista que as dificuldades de um município no interior do país são diversas das dificuldades de uma rica capital brasileira.[434] [435] Podem ainda as dificuldades se mostrarem jurídicas

---

[428] JORDÃO, Eduardo. Art. 22 da LINDB: Acabou o romance: reforço do pragmatismo no direito público brasileiro. *Revista de Direito Administrativo*, [s. l.], p. 63-92, 2018. DOI: 10.12660/rda.v0.2018.77650. Disponível em: https://bibliotecadigital.fgv.br/ojs/index.php/rda/article/view/77650. Acesso em: 20 Jan. 2019. doi: http://dx.doi.org/10.12660/rda.v0.2018.77650. p. 70.
[429] Ibidem., p. 71.
[430] Ibidem., p. 72.
[431] Ibidem., p. 73.
[432] Ibidem., p. 74.
[433] JORDÃO, 2018, p. 74.
[434] Idem.
[435] Sobre o exercício de empatia em apreço, sustentou-se o seguinte em trabalho recente, em virtude da pandemia do coronavírus SARS-CoV-2: "A nova LINDB permitiu uma

(a interpretação da legislação pertinente).[436] Acerca das possibilidades diante da dificuldade em tela o autor aponta:

> Do lado da administração pública, duas são as medidas possíveis. A primeira possibilidade, aberta às autoridades superiores, é a edição de regulamentos ou súmulas administrativas que determinem uma interpretação específica, aumentando a segurança jurídica dos gestores, na linha do que prevê o art. 30. A segunda possibilidade, aberta ao administrador da ponta na ausência destas medidas citadas acima, é a explicitação da dúvida jurídica encontrada.[437]

Como se vê, o autor apresenta duas possibilidades para sanar a dificuldade jurídica, quais sejam: a edição de regulamentos ou súmulas que unifiquem a interpretação; ou o esclarecimento da dúvida perante a autoridade superior. Na perspectiva do controlador, observa o seguinte: "ao invés de impor, no caso, a leitura e interpretação jurídica que ele mesmo faria neste contexto de indeterminação, o controlador deverá então cogitar da existência de uma álea de razoabilidade, ou um leque de interpretações razoáveis, todas as quais lícitas".[438]

Ou seja, se o ambiente de aplicação da norma abstrata não é sólido, mas, sim, arenoso, deve o controlador levar em conta as demais teses jurídicas (diversas da sua) ao decidir. Nesse passo, Eduardo Jordão defende que ao controlador impõe-se nesses casos uma posição mais deferente em relação à escolha da Administração

---

hermenêutica capaz de mediar situações de emergência jurídica vivenciada hoje por conta da pandemia, especialmente em relação ao controle, que já ocorre, mas que terá um papel ainda mais fundamental no ambiente pós-pandemia: o controlador deverá realizar um exercício de empatia com o gestor público encarregado de enfrentar a situação emergencial. Isso não significa, em nenhum cenário, que deva fazer vista grossa às decisões administrativas que não cumpram o dever de motivação e cotejo preciso com a situação e legislação da conjuntura calamitosa, mas, muito pelo contrário, utilizar tais parâmetros para o controle que será exercido sobre os atos administrativos no cenário vindouro. E, acrescente-se: utilizar o consenso científico, as evidências científicas, as pesquisas, as recomendações dos técnicos e especialistas da época para decidir pela legalidade ou não de determinadas decisões administrativas, cujas motivações devem contemplar parâmetros científicos e técnicos, pois não se trata de decisão política". (TEIXEIRA, A. J. O. Possíveis cedências do controle da administração no pós-pandemia. *Revista Controle – Doutrina e Artigos*, v. 19, n. 1, p. 423-444, 14 jan. 2021. p. 440).

[436] Ibidem, p. 77.
[437] Idem.
[438] Ibidem, p. 78.

Pública.[439] O autor defende que existem "graus" de obstaculização, o que quer significar que a dificuldade pode ser factível, mas não suficientemente determinante para impedir o que prescreve o texto normativo.[440] Ou seja, a aplicação da LINDB no direito público não implica o abandono da legalidade.

Eliminando qualquer pretensão a argumentos topográficos acerca dos termos "os obstáculos e as dificuldades reais do gestor", "as exigências das políticas públicas a seu cargo" e "os direitos dos administrados", Eduardo Jordão concebe que a expressão "sem prejuízo aos direitos dos administrados" equivale a "além dos direitos dos administrados".[441] Em apertada síntese, o estudioso "traduz" o art. 22, que exige que na aplicação de sanções se considere: os danos para a administração, as agravantes, as atenuantes, os antecedentes e outras sanções (de mesma natureza) já aplicadas.[442]

Floriano Marques Neto, um dos idealizadores do projeto de lei que deu origem à Lei nº 13.655/18, comentando o art. 23, afirma que sua incidência ocorre nas três esferas (administrativa, controladora e judicial), além de orientar a atividade dos três poderes que constituem o Estado, tendo a lei uma dimensão bastante alargada.[443] Segundo o administrativista, a previsão legal de aplicação da lei esclarece sua obrigatoriedade para todo e qualquer agente estatal ou equivalente. Sobre o objeto de incidência do texto da lei, continua o pesquisador afirmando que:

> Alcança também atos administrativos de caráter normativo ou integrativo. Assim, por exemplo, uma orientação da Receita Federal acerca do lançamento tributário ou da contabilização de uma receita nos livros da empresa, uma súmula de um Tribunal ou uma resolução de um Conselho de Fiscalização.[444]

---

[439] JORDÃO, 2018, p. 78.
[440] Ibidem, p. 80.
[441] Ibidem, p. 82.
[442] Ibidem, p. 85.
[443] MARQUES NETO, Floriano de Azevedo. Art. 23 da LINDB: O equilíbrio entre mudança e previsibilidade na hermenêutica jurídica. Revista de Direito Administrativo, Rio de Janeiro, p. 93-112, nov. 2018. Disponível em: http://bibliotecadigital.fgv.br/ojs/index.php/rda/article/view/77651/74314. Acesso em: 21 Jan. 2019. doi: http://dx.doi.org/10.12660/rda.v0.2018.77651.
[444] Ibidem, p. 102-103.

Isto é, toda decisão que imponha efeitos jurídicos diretos ou indiretos deve observar o regime de transição do art. 23.[445] Em resumo, desenvolve o jurista que: "(i) a decisão deve inovar entendimento; (ii) deve se tratar de decisão que interpreta outra norma, de conteúdo indeterminado; e (iii) que ao dar esta hermenêutica inaugura uma nova obrigação ou condicionamento".[446] Assim, parece que instrumentos processuais como uma sentença ou decisão interlocutória (monocrática) igualmente estão sujeitos ao citado dispositivo.

Nessa seara, o artigo em comento impõe a indispensabilidade do regime de transição, que pode inclusive ser comparado hoje com o instituto da modulação dos efeitos, já presente no ordenamento jurídico pátrio. A transição em pauta deve ainda ser proporcional. Isso implica, segundo o professor, que os atingidos também têm o direito de demonstrar eventual desproporcionalidade.[447] Sobre a expressão sem prejuízo dos "interesses gerais", Floriano Marques Neto afirma que se quer demarcar aqui "interesses amplos", "interesses da coletividade", diferente dos interesses alcançados pela interpretação dada.[448] É possível afirmar que diverge do desgastado "interesse público". Outro parâmetro de fundamentação é o art. 30.

Escrevendo a respeito dos objetivos do art. 30 da LINDB, Egon Bockemann Moreira concebe que pretende o dever de criação de precedentes *lato sensu* (nas esferas administrativa, controladora e judicial), funcionando como critérios de racionalidade, legitimidade e institucionalidade da decisão pública.[449] Segundo o administrativista, o dever de instauração e autovinculação possui como desdobramentos o efetivo respeito a decisões, assim como sua estabilização institucional.[450] Nas palavras do jurista:

> O art. 30 da LINDB configura a chave de abóbada do sistema: a peça que assegura a sua coerência e sustentabilidade. É o art. 30 a norma

---

[445] Ibidem, p. 103.
[446] Idem.
[447] Ibidem, p. 108.
[448] MAQUES NETO, 2018, p. 109.
[449] MOREIRA, Egon Bockmann; PEREIRA, Paula Pessoa. Art. 30 da LINDB : O dever público de incrementar a segurança jurídica. *Revista de Direito Administrativo*, Rio de Janeiro, p. 243-274, nov. 2018. Disponível em: http://bibliotecadigital.fgv.br/ojs/index.php/rda/article/view/77657/74320. Acesso em: 21 jan. 2019.
[450] Ibidem, p. 247.

que confere segurança ao sistema instalado pela Lei nº 13.655/2018, ao determinar a aplicação dos dispositivos anteriores seja respeitada horizontal e verticalmente.[451]

Desse modo, parece ser o art. 30 a cláusula geral de dever das autoridades públicas em promover a segurança jurídica. O CPC já previu alguns de seus objetivos no âmbito do processo judicial, e o legislador viu por bem estender tal dever a todas as esferas de atuação pública. Concebe-se que, em paralelo com o Código de Processo Civil, procedimentos mentais de consideração das consequências práticas, jurídicas e administrativas de uma decisão judicial ocorrem hoje com a análise da probabilidade do direito e do risco ao resultado útil do processo em sede de tutelas provisórias de urgência. Sustenta-se, porém, que o procedimento se encontra banalizado, e as orientações da nova lei reforçam a necessidade de transparência, descrição e robustez que processos de consideração pragmática da realidade exigem.

A respeito da aplicabilidade dos novos regramentos da LINDB no âmbito do Direito Processual Civil, é minoritário o posicionamento pela não incidência no campo judicial, sendo este o posicionamento esposado por Marçal Justen Filho. O posicionamento majoritário identificado é pela aplicabilidade das orientações da LINDB na esfera judicial, justamente por conta da exegese do artigo 20, *caput*, do Decreto-lei 4.657/1942.

A avaliação que se faz hoje acerca dos instrumentos apropriados para demandar o cumprimento da fundamentação substancial pelos magistrados basicamente recai sobre a possibilidade de oposição de embargos de declaração pelo descumprimento do artigo 489, §1º do CPC – não se poderia, em teoria, dizer o mesmo sobre eventual descumprimento das normas da LINDB, por inexistência de previsão legal – e a possibilidade de a doutrina jurídica orientar e se posicionar claramente nesse sentido.[452]

Por derradeiro, percebe-se que o dever de fundamentação das decisões administrativas e judiciais tem caráter cogente, e as orientações do CPC e da LINDB precisam ser observadas. Parte das normas de um regramento possui identidade no outro, o que torna a identificação de um ponto comum mais facilitada. Entretanto, a LINDB também traz

---

[451] Ibidem, p. 270.
[452] CAMBI; MUNARO, 2019, p. 153.

alguns elementos consequencialistas e se omite a respeito da eventual consequência pelo descumprimento de suas regras.

Ocorre que, tendo em vista, no Brasil, os parâmetros de fundamentação das decisões administrativas e judiciais supramencionados, indaga-se: o juiz-robô/IA, a partir de suas características funcionais, da sistematicidade do *machine learning*, mesmo sistemas que ostentam uma "IA forte", nos dizeres de Peter Norvig e Stuart Russell, consegue atender aos parâmetros de fundamentação das decisões? A resposta é, partir do que se perquiriu até aqui, "depende". Não se trata do famigerado (mas verdadeiro) escape para se isentar da resposta a questões complexas no direito, mas de argumentação que se tornará clara nas linhas seguintes.

3.4.3 Problema da subsunção do fato à norma pela IA

No campo das possibilidades de fundamentação das decisões administrativas e judiciais no Brasil, cumpre-se destacar determinados pontos, além do que consta das conclusões provisórias anteriores, em virtude da argumentação desenvolvida especialmente neste capítulo, cujo foco foi especificamente a tomada de decisões, com sensibilidade teórica voltada à IA.

Hodiernamente, a atuação meramente subsuntiva, ainda que se esteja cuidando de decisões administrativas, resta superada.[453] Reconhece-se, nos ordenamentos jurídicos modernos – inclusive o brasileiro –, um extenso rol de direitos fundamentais, valores e princípios que transcendem a noção clássica de legalidade e juridicidade.[454] No que diz respeito ao Direito Administrativo pós-moderno,

> El Derecho Administrativo postmoderno repercute en toda la actividad administrativa, especialmente en la actividad regulatoria independiente.

---

[453] "*El paradigma moderno según el cual la Administración sólo podría actuar de acuerdo con la estricta subsunción a la ley fue superado. Actualmente se reconoce la prevalencia del paradigma neoconstitucional, caracterizado por Constituciones con un extenso catálogo de derechos fundamentales, bien como valores y principios que trasladan la noción de legalidad para la noción de juridicidade*". (GALLO APONTE, William Ivan; VALLE, Vivian Cristina Lima López; NATÁLY FÁCIO, Rafaella. La utilización de inteligencia artificial en la actividad regulatoria: una propuesta en favor del desarrollo nacional sostenible. *Veredas do Direito*, Belo Horizonte, v. 17, n. 39, p. 123-146, set./dez. 2020. P.139.)

[454] Idem.

Las leyes que instituyen sistemas de regulación tienen menor densidad normativa, lo que abre espacio para una mayor discrecionalidad de la Ad-ministración Pública. Ese factor aumenta la complejidad del análisis de legalidad de los actos, teniendo en cuenta que en vez de un análisis meramente legalista, son necesarias evaluaciones más complejas sobre proporcionalidad, razonabilidad e imparcialidad.[455]

Isto é, segundo os autores, no âmbito do Direito Administrativo tem sido comum que a legislação institua sistemas de regulação, os quais têm menor densidade normativa e permitem abertura para maior discricionariedade na Administração. Recorde-se que no Brasil a regulação existente a respeito da IA no Judiciário advém de ato administrativo, o que permite alterações mais facilitadas a depender das inovações tecnológicas que surgirem com os sistemas inteligentes. Ademais, pertinente o alerta de José Vicente dos Santos Mendonça, pois o administrativista assevera que a inovação não é um valor absoluto, havendo momentos em que, tratando-se de direito, a não inovação pode permitir que práticas se consolidem.[456]

O mesmo se pode dizer a respeito da fundamentação das decisões administrativas e judiciais por meio da adoção da IA. Isso porque há que se verificar a existência ou não de resultados socialmente úteis. Que os resultados da adoção da IA são promissores à celeridade processual,[457] redução de custos e à uniformização da

---

[455] "O Direito Administrativo pós-moderno afeta todas as atividades administrativas, especialmente as atividades regulatórias independentes. As leis que instituem sistemas regulatórios têm menor densidade regulatória, o que abre espaço para maior discricionariedade da Administração Pública. Esse fator aumenta a complexidade da análise da legalidade dos atos, tendo em vista que, em vez de uma análise puramente legalista, são necessárias avaliações mais complexas de proporcionalidade, razoabilidade e imparcialidade". (Tradução livre). Idem.

[456] MENDONÇA, José Vicente Santos de. Direito administrativo e inovação: limites e possibilidades. *A&C – R. de Dir. Adm. Const.*, Belo Horizonte, a. 17, n. 69, p. 169-189, jul./set. 2017. p. 173.

[457] Observe-se conclusão de Mariana Andrade et al em trabalho sobre o Projeto Victor no rastreamento de ações com repercussão geral no STF: "[...] ao vislumbrar a correlação entre as ações e o uso de ferramentas virtuais, é possível inferir os benefícios destas para a dinâmica processual, tendo em vista a diminuição da taxa de congestionamento líquida e o aumento do atendimento à demanda. De fato, para que progrida mais ainda, é necessário aperfeiçoamento e capacitação dos servidores, aprimorar o maquinário, atualizar a estrutura física das varas, otimizar o suporte técnico, investir em pesquisa e desenvolvimento na área". (ANDRADE, Mariana Dionísio de *et al*. Inteligência artificial para o rastreamento de ações com repercussão geral: o Projeto Victor e a realização do princípio da razoável duração do processo. *Revista Eletrônica de Direito Processual – REDP*, Rio de Janeiro, v. 21, n. 1, p. 312-335, jan./abr. 2020. p. 317.)

jurisprudência não se duvida.⁴⁵⁸ Entretanto, conforme preceituam Érik Araújo e Rafael Simoni, o direito vai muito além de uma questão instrumental e expressões lógicas:

> Não se trata aqui de demonizar a inteligência artificial. A tecnologia, em especial a inteligência artificial, é importante para o progresso da humanidade e do direito. Contudo, pode-se escolher entre um progresso que leve em consideração o respeito ao processo democrático ou um progresso que leve em consideração a simplificação e o reducionismo. O direito vai muito além de uma questão instrumental de expressões lógicas, de um conjunto de peças mecânicas, o direito é um fenômeno complexo, porque ele também envolve fatos, questões culturais e vida prática, sujeito a constantes transformações, sempre em benefício da sociedade.⁴⁵⁹

Ou seja, segundo os autores, é preciso que se progrida considerando o processo democrático, em ressonância, ainda que de forma indireta, à argumentação de Luís Greco sobre a indesejabilidade da IA. Analogicamente às considerações de Jorge Fernandes a respeito do controle da Administração Pública com instrumentos de TI, o uso da IA como ferramenta à fundamentação das decisões deve ter em conta os limites jurídicos da privacidade, informações protegidas legalmente por sigilo.⁴⁶⁰ ⁴⁶¹ A cautela também é defendida por Regina Ruaro.⁴⁶²

---

[458] Há aqueles que vislumbram o princípio da automatização do processo eletrônico como catalisador da observância aos precedentes do TST, como em pesquisa de CARVALHO, Maximiliano Pereira de. O princípio da automatização do processo eletrônico como catalisador da observância aos precedentes do TST. *R. Fórum Trabalhista – RFT*, Belo Horizonte, ano 6, n. 24, p. 97-108, jan./mar. 2017.

[459] ARAÚJO, Érik da Silva e SIMIONI, Rafael Larazzotto. Decisão jurídica e inteligência artificial: um retorno ao positivismo. *Revista de Direito*, Viçosa, v. 12, n. 2, jul./dez. 2020. p. 18.

[460] FERNANDES, Jorge Ulisses Jacoby. Controle da Administração Pública com instrumentos de TI. *Fórum de Contratação e Gestão Pública – FCGP*, Belo Horizonte, a. 16, n. 191, p. 36-39, nov. 2017.

[461] "Quando, por exemplo, o TCE/MG teve acesso à base do sistema eletrônico de notas fiscais, não teve acesso a nome de compradores públicos ou privados; teve acesso ao dado estratificado: preço por quantidade, por região, por período. Nessas circunstâncias, é fundamental que as ferramentas e as estratégias de TI preservem a privacidade dos administrados e as informações legalmente protegidas. Assim, com base na visão impessoal dos dados, é possível desenvolver um amplo panorama das ações públicas para garantir a ampliação da eficiência da prestação de serviços pelo Estado Brasileiro". (FERNANDES, Jorge Ulisses Jacoby. Controle da Administração Pública com instrumentos de TI. *Fórum de Contratação e Gestão Pública – FCGP*, Belo Horizonte, a. 16, n. 191, p. 36-39, nov. 2017. p. 39).

[462] RUARO, Regina Linden. Direito fundamental à privacidade: o sigilo bancário e a fiscalização da Receita Federal do Brasil. *Int. Públ. – IP*, Belo Horizonte, a. 17, n. 90, p. 103-125, mar./abr. 2015.

José Teshiner e Marcos Jobim, em crítica ao sistema brasileiro, afirmam que os acórdãos constituem uma soma de opiniões, por maioria, conclusivas pelo mesmo resultado, e não propriamente uma síntese decisiva, sendo que a função de "dizer o direito" passou ao monopólio dos tribunais superiores, limitando-se os juízes de primeiro piso à "pronúncia" sobre os fatos da causa.[463] Reflete-se que com a incorporação dos sistemas de IA, especialmente pelos tribunais superiores, que julgam o direito em tese, a tendência e o risco são a expressão da crítica acima.

Em pesquisa sobre a metodologia *fuzzy* e programas com a utilização de IA, Fernando Alves *et al.* sustentam que a metodologia pode ser aplicada ou utilizada pelo Poder Judiciário em situações específicas, como no estabelecimento de um discurso por meio de levantamentos objetivos, "[...] sempre, porém, como forma de fixar graus ou limites, e não como instrumento de interpretação da lei ou precedentes obrigatórios, pois o direito é humano, e sua interpretação deve ser feita apenas pelos juízes que detêm essa humanidade (*human judge*)".[464] Os autores também defendem que as decisões devem respeitar a dignidade da pessoa humana e efetivar direitos sociais à luz da humanidade e não da artificialidade, analisando as condições subjetivas de cada caso.[465]

Muito embora haja a plena possibilidade de aplicação das asserções feitas neste ponto à decisão administrativa, ainda que de forma aproximada, relevante consignar que a utilização de sistemas de IA não deve significar uma substituição da decisão pelo agente público ou pelo controlador, prezando sempre pela publicização da lógica da decisão algorítmica.[466]

---

[463] TESHINER, José Maria; JOBIM, Marcos Félix Jobim. Tribunais superiores e juízes inferiores: reflexões sobre o Judiciário, precedentes vinculantes e fundamentação das decisões judiciais. *R. Bras. Dir. Proc. – RBDPro*, Belo Horizonte, a. 25, n. 98, p. 143-154, abr./jun. 2017. p. 52.

[464] ALVES, Fernando de Brito; CORRÊA, Elídia Aparecida de Andrade; CAMBI, Eduardo. Interfaces artificiais e interpretação judicial: o problema do uso da inteligência artificial e da metodologia fuzzy na aplicação do Direito. *Revista de Direito Brasileiro: RDB*, Florianópolis, v. 9, n. 23, p. 5-27, mai./ago. 2019. p. 24.

[465] Idem.

[466] GALLO APONTE, William Ivan; VALLE, Vivian Cristina Lima López; NATÁLY FÁCIO, Rafaella. La utilización de inteligencia artificial en la actividad reguladora: una propuesta en favor del desarrollo nacional sostenible. *Veredas do Direito*, Belo Horizonte, v. 17, n. 39, p. 123-146, set./dez. 2020.

Evitando-se generalizações indevidas, observa-se que a utilização da IA pode ser mais ou menos polêmica a depender da área do direito. Por exemplo, não parece existir óbice à utilização da IA na fundamentação de decisões de aspecto estritamente tributário, em que bastam exercícios simples de subsunção do fato à norma. Ocorre que na medida em que se avança para áreas do direito com um grau de pessoalidade diverso e mais acentuado, a IA começa a tropeçar, especialmente por conta dos vieses. Seria o caso do Direito Penal, do Direito das Famílias etc. Afinal de contas, "situações difíceis exigem um tratamento sofisticado do assunto, com cautela e análise não só das consequências da decisão administrativa, mas dos valores envolvidos".[467] Wolfgang Hoffmann Riem detecta o problema:

> A IA é um elemento parcial na utilização de sistemas de TI e pode ter, dependendo do contexto em que é aproveitada, uma importância diversificada para o tipo de processamento e o efeito sobre a ação. Em consonância com isso, os desafios jurídicos dizem respeito, em cada caso, a áreas distintas do ordenamento jurídico e exigem, além de regulamentações abrangentes, muitas vezes também respostas específicas para áreas diversas.[468]

Voltando-se especificamente à problemática enfrentada neste tópico do Capítulo 3, observa-se que o raciocínio de subsunção do fato à norma é primário, basicamente o gérmen interpretativo do direito:[469] trata-se de o caso concreto se subsumir à norma jurídica abstrata, realizando-se, desta forma, a subsunção. Repare-se que não há dúvidas de que hoje os sistemas de inteligência artificial possam realizar tais raciocínios de subsunção, ainda que

---

[467] "Difficult situations demand a sophisticated treatment of the subject, with caution and analysis not only of the consequences of the administrative decision but of the values involved". (Tradução livre). (REYNA, Justo; GABARDO, Emerson; SANTOS, Fábio de Sousa. Electronic government, digital invisibility and fundamental social rights. *Revista Sequência, Florianópolis*, vol. 41, n. 85, p. 30-50, ago. 2020).

[468] HOFFMANN RIEM, Wolfgang. Inteligência artificial como oportunidade para a regulação jurídica. *Direito Público*, Porto Alegre, v. 16, n. 90, p. 11-38, nov./dez. 2019. p. 13.

[469] Embora extremamente contestável essa afirmação, em virtude principalmente dos estudos desenvolvidos na Filosofia da Linguagem, os quais repercutiram nas pesquisas sobre hermenêutica jurídica, a assertiva tem o intuito de situar a argumentação exposta na dissertação, e servirá a seus propósitos nas linhas que se seguem.

individualmente, num simulacro da inteligência humana.[470] O que se argumenta, entretanto, é que, conforme a complexidade do caso, será exigido da máquina a realização e consideração de diversos fatores ou, mais bem explicado, de simultâneos e múltiplos raciocínios subsuntivos. Ainda assim, é possível imaginar que sistemas complexos, dotados de "IA forte", sejam capazes de concatenar os comandos de subsunção. Não se vislumbra, a exemplo, problemas no caso de à máquina ser dada a missão de concluir o raciocínio de subsumir o furto de uma garrafa à previsão normativa do artigo 155 do Código Penal,[471] [472] que prevê sanção para o caso de cometimento do referido crime. Segundo Lenio Streck, a subsunção

> deve ser entendida no contexto paradigmático da relação sujeito objeto, portanto nos marcos da filosofia da consciência, em que o sujeito é o encarregado de fazer essa operação mental entre a subjetividade e a coisa [...] mesmo na ponderação – compreendida nos marcos em que vem sendo apresentada pela(s) teoria(s) da argumentação jurídica –, por mais que se negue tal circunstância, ocorre a subsunção, quando se busca "subsumir" o geral (norma ou hierarquias prima facie) ao

---

[470] O Núcleo de Admissibilidade de Recursos Repetitivos – Narer, do STJ, em parceria com a Assessoria de Inteligência Artificial e a Secretaria de Tecnologia da Informação e Comunicação do Tribunal, desenvolve o *software Sócrates 2.0*, que utiliza técnicas de *machine learning* para extrair as controvérsias apresentadas no Recurso, comparando com acórdãos do tribunal de origem e a jurisprudência consolidada do tema, inclusive apresentando sugestão de minuta. (BRASIL. Superior Tribunal de Justiça. *Núcleo da presidência do STJ contribuiu para a redução do acervo processual da corte*. 11 mar. 2021. Brasília: STJ [2021]. Disponível em: https://www.stj.jus.br/sites/portalp/Paginas/Comunicacao/Noticias/11032021-Nucleo-da-presidencia-do-STJ-contribuiu-para-a-reducao-do-acervo-processual-da-Corte.aspx. Acesso em: 04 ago. 2021); Da mesma forma, o *SIGMA* do TRF3, que produz minutas com a elaboração de relatórios e auxílio em decisões e acórdãos do tribunal. (BRASIL. Tribunal Regional Federal (3ª Região). TRF3 começa a utilizar inteligência artificial em gabinetes. 07 jul. 2020. Disponível em: http://web.trf3.jus.br/noticias/Noticias/Noticia/ExibirNoticia/396711-trf3-comeca-a-utilizar-inteligencia-artificial-em. Acesso em: 04 ago. 2021); recorde-se ainda que autos de infração já são passíveis de plena automatização (BRASIL. Tribunal Regional do Trabalho (3ª Região). Rômulo Valentini: Já está em desenvolvimento máquina capaz de elaborar sentenças e votos. 09 fev. 2018. Disponível em: https://portal.trt3.jus.br/internet/conheca-o-trt/comunicacao/noticias-juridicas/romulo-valentim-ja-esta-em-desenvolvimento-sistema-que-preparara-pre-minutas-de-decisoes-judiciais. Acesso em: 04 ago. 2021)

[471] Furto. "Art. 155 – Subtrair, para si ou para outrem, coisa alheia móvel: Pena – reclusão, de um a quatro anos, e multa."

[472] No exemplo as dificuldades da máquina se sobressaem quando a situação concreta em análise necessitar de maior profundidade, como na hipótese de existir erro de tipo, incidência de excludentes de culpabilidade etc.

caso concreto (ou vice-versa) [...] Desse modo, pautas gerais (conceitualizações, etc.) sob pretexto do "esclarecimento" dos significados de cláusulas abertas, princípios e/ou conceitos indeterminados (ou, ainda, textos vagos e ambíguos), podem, sob o jugo do paradigma epistemológico da filosofia da consciência, servir a esse desiderato.[473]

Veja-se que embora não seja esta a justificação principal no momento, os sistemas de inteligência artificial sequer são sujeitos para que desenvolvam uma relação sujeito-objeto e apresentem a subsunção ao caso concreto nos termos na "virada linguística" ou da dinâmica subsuntiva sustentada atualmente pelos estudiosos da hermenêutica jurídica. Em resumo, "[...] quando se opera o fenômeno subsuntivo do fato à norma ("moldura da norma"), esta já se encontra pronta e acabada, definida (previamente) pelo intérprete por algum método adjudicador de sentido".[474]

Argumenta-se, contudo, que relativamente aos parâmetros de fundamentação das decisões administrativas e judiciais no Brasil, o mero raciocínio de subsunção reproduzido pelos sistemas de IA é insuficiente, ou seja, a IA, por suas próprias características e dinâmica de funcionalidade, ainda que se possa estar tratando de sistemas altamente voltados à profunda aprendizagem e de um banco de dados absurdamente abrangente, não logra êxito em atender aos parâmetros de fundamentação das decisões verificados no subcapítulo anterior.

Veja-se que no âmbito da fundamentação da decisão, notadamente da decisão jurídica, espera-se a existência de uma relação de conformidade entre a convicção do decisor e a fundamentação do *decisum*, isto é, entre o elemento subjetivo e o elemento objetivo.[475] Pesquisas recentes em neurociência, entretanto,

---

[473] STRECK, Lenio Luiz. *Verdade e consenso:* constituição hermenêutica e teorias discursivas. 4. ed. Saraiva: São Paulo, 2011. p. 282-283.

[474] BEBER, Rafael Contreiras Costa. Regras e o paradigma da subsunção: verificação da validade na epistemologia jurídico-positivista à luz da hermenêutica filosófica. *Publicadireito*. Disponível em: http://www.publicadireito.com.br/artigos/?cod=073c83fb6a553225. Acesso em: 04 ago. 2021. p. 19.

[475] TESHINER, José Maria; JOBIM, Marcos Félix Jobim. Tribunais superiores e juízes inferiores: reflexões sobre o Judiciário, precedentes vinculantes e fundamentação das decisões judiciais. *R. Bras. Dir. Proc. – RBDPro*, Belo Horizonte, a. 25, n. 98, p. 143-154, abr./jun. 2017. p. 148.

destacam a afetividade em processos racionais desenvolvidos por seres humanos, tais como a tomada de decisões, o que permite concluir pela inexistência de uma razão autônoma, ou ao menos desvinculada, na tomada de decisões.[476] Isso torna dificultosa a exigência de fundamentação, mas o que se extrai do diagnóstico é a presença das emoções como caracterizador humano. As máquinas são incapazes de demonstrar isso. Para o juiz-robô, entretanto, poderia ser muito mais fácil expressar a relação de conformidade supramencionada.

Ocorre que a questão não é precisamente a capacidade de processamento de dados e a funcionalidade perfeita da IA para o fim programado, mas justamente o fato de que a dinâmica de tomada de decisões pela máquina possui limites, a qual não possui capacidade para atender aos parâmetros de fundamentação das decisões administrativas e judiciais no Brasil. Explica-se.

Um primeiro ponto diz respeito ao parâmetro de fundamentação do art. 20, *caput*, da LINDB. Como visto, tal dispositivo exige que o decisor apresente as consequências práticas que, no exercício diligente de sua atuação, consiga vislumbrar diante dos fatos e fundamentos de mérito e jurídicos. Trata-se de um juízo de pura sensibilidade do magistrado ou controlador. Custa-se a convencer que um banco de dados aplicado a um sistema de IA consiga ser suficientemente amplo a ponto de condensar toda a experiência *pessoal* do magistrado ou decisor, de tal modo a cumprir a exigência de fundamentação imposta pela Lei de Introdução. Ademais, em virtude da publicação recente da Lei, ainda serão necessários anos de decisões colegiadas para que se consolide algo jurisprudencialmente. E mesmo a jurisprudência consolidada possui limitações, pois definirá uma ementa, fixará um dispositivo e, ainda assim, não seria suficiente para que o sistema de IA pudesse valorar "o exercício diligente de sua atuação", pois cada caso concreto demandaria a exposição de diferentes consequências práticas. Ainda que não seja objeto específico da presente pesquisa, adicione-se o problema dos casos que demandam soluções estruturantes, as quais

---

[476] BLANCO, Carlos. *Historia de la neurociência*: el conocimiento del cérebro y la mente desde una perspectiva interdicisplinar. Madrid: Biblioteca Nueva, 2014. Amazon Kindle Edition, posição 4.770.

exigiriam da máquina uma verdadeira conduta propositiva,[477][478] sem contar os *hard cases*, típicos do exercício da jurisdição constitucional de supremas cortes.

Um segundo ponto diz respeito ao parâmetro de fundamentação do art. 22, *caput*, da LINDB, em que na interpretação de normas sobre gestão pública serão considerados os obstáculos e as dificuldades reais do gestor e as exigências das políticas públicas a seu cargo. Como visto anteriormente, trata-se verdadeiramente de um *exercício de empatia* com o gestor público. Decisões desta envergadura são comumente vislumbradas no âmbito do controle externo exercido pelos tribunais de contas e pelo Poder Judiciário. O texto normativo dirige-se, mais precisamente (mas não exclusivamente), às decisões tomadas nestes âmbitos. A IA, por mais sofisticada que seja, não ostenta características humanas suficientes para a demonstração de empatia pelo gestor público, tão pouco é dotada de sensibilidade para transformar o referido exercício de empatia em fundamento da decisão, pois não há parâmetro para se ser empático, as *pessoas* simplesmente o são. Por óbvio que o texto normativo se refere a contexto decisório, como situações de calamidade pública, emergência sanitária (vide Covid-19) etc., mas, ainda assim, exige sensibilidade humana não ostentada pelo juiz-robô.

Outrossim, um terceiro problema que surge no âmbito da fundamentação das decisões administrativas e judiciais pela IA é a capacidade de explicabilidade das decisões. Veja-se que o problema

---

[477] As decisões estruturais seriam "[...] decisões judiciais por meio das quais se busca a reestruturação de determinada organização social ou política pública, com o objetivo de concretizar direitos ou interesses socialmente relevantes". (FACHIN, Melina Girardi; SCHNIMANN, Caio Cesar Bueno. Decisões estruturantes na jurisdição constitucional brasileira: critérios processuais da tutela jurisdicional de direitos prestacionais. *Revista Estudos Institucionais*, v. 4, n. 1, 2018. p. 238).

[478] Marco Félix Jobim pesquisou a relação IA e decisões estruturantes. Veja-se a conclusão: "[...] constrói-se um devido processo legal estrutural, com técnicas diferenciadas e institutos processuais repensados ao modelo de litígio existente. E é aqui o espaço reservado para a inteligência artificial no processo estrutural, em especial na construção da decisão, falece, pois a decisão é consensualizada por meio dos debates e diálogos feitos entre todos. Por não existir propriamente uma decisão, em tese, nesse momento, é que a IA ficará pelos menos aqui, em segundo plano. [...] o ato de elaboração, discussão, homologação e implementação do plano, em pouco ela auxiliará, pois esses atos são de vontade dos envolvidos, dos interessados, dos legitimados". (JOBIM, Marco Félix. Processos estruturais, inteligência artificial e fase decisória: (in)compatibilidade? *In*: PINTO, H. A; GUEDES, J. C.; CERQUEIRA, J. P. (Coord.) *Inteligência artificial aplicada ao processo de tomada de decisões*. Belo Horizonte: D'Plácido, 2021. p. 311-328. p. 324-325).

não reside na capacidade de fundamentação. A IA pode fundamentar suas decisões, o que ocorrerá segundo a programação e limitada a sua capacidade de aprendizagem. Viu-se que sistemas de IA existentes no âmbito dos tribunais superiores já o fazem. Até mesmo minutas de decisões. Porém, há diferença entre *fundamentação* e *explicabilidade*.[479] Em pesquisa, Tarek Besold e Sara Uckelman refletem a problemática da explicabilidade nos sistemas de IA:

> Keeping the importance of this epistemic dimension in mind, and looking at previous approaches to constructing explainable AI systems, it turns out that current methods are not sufficient yet. Many efforts have been and are being undertaken to increase the explainability of automated decision systems, with different techniques focusing on different aspects of what constitutes a practical explanation. Still, what is hitherto lacking are clear criteria for explainable AI systems which are conceived in a way so that they can serve as guiding beacons for the corresponding developments in AI theory and engineering. with this article we aim to contribute to closing this gap by putting four candidate desiderata up for discussion: communicative efficiency of the system relative to its users, a sufficient degree of accuracyand a sufficient degree of truthfulness of the provided explanations, and the need to quit auser's epistemic longing.[480]

Ou seja, para os pesquisadores, apesar de ser perceptível o esforço em diversas frentes para tornar os sistemas de IA explicáveis, os métodos atualmente empregados não obtiveram êxito em

---

[479] Relevantes as considerações de Daniel Boeing e Alexandre Morais da Rosa: "Não é possível descrever passo a passo como tais algoritmos chegam a uma determinada decisão, aspecto que lhes confere a alcunha de 'caixa-preta'". (BOEING, Daniel Henrique Arruda; ROSA, Alexandre Morais da. *Ensinando um robô a julgar:* pragmática, discricionariedade e vieses no uso de aprendizado de máquina no judiciário. Florianópolis: Emais academia, 2020).

[480] "Tendo a importância desta dimensão epistêmica em mente, e olhando para abordagens anteriores para construir sistemas de IA explicáveis, verifica-se que os métodos atuais não são suficientes ainda. Muitos esforços foram e estão sendo realizados para aumentar a explicabilidade de sistemas de decisão automatizados, com diferentes técnicas com foco em diferentes aspectos do que constitui uma explicação prática. Ainda assim, o que falta até agora são critérios claros para sistemas de IA explicáveis que são concebidos de forma que possam servir como balizas de orientação para os desenvolvimentos correspondentes em teoria e engenharia de IA. Com este artigo pretendemos contribuir para fechar essa lacuna, colocando quatro candidatos desideratos em discussão: eficiência comunicativa do sistema em relação aos seus usuários, um grau suficiente de precisão e um grau suficiente de veracidade das explicações fornecidas, e a necessidade de encerrar um anseio epistêmico do usuário". (BESOLD, T. R., UCKELMAN, S. L. *The what, the why, and the how of artificial explanations in automated decision making.* [s. l.], 2018. Disponível em: https://arxiv.org/pdf/1808.07074.pdf. Acesso em. 01 ago. 2021. p. 17).

desenvolver esses sistemas. A constatação corrobora à tese de que as decisões automatizadas não têm ainda a capacidade de atender aos parâmetros de fundamentação das decisões administrativas e judiciais no Brasil. Inclusive, no contexto pátrio, não são parâmetros meramente orientativos, mas texto jurídico-normativo vigente e aplicável, ou seja, obrigatório e imprescindível de observância para se aferir a validade das decisões administrativas e judiciais.

3.4.4 Fundamentação, explicabilidade, discricionariedade e IA

No âmbito das decisões administrativas, particularmente na ocasião específica em que se percebe a presença de larga discricionariedade, ainda que nos limites da lei, a "incapacidade" da IA em atender satisfatoriamente as exigências de motivação das decisões mostra-se ainda mais cristalina. É mais fácil de se perceber argumentativamente que a IA dificilmente conseguirá reagir adequadamente a situações que demandem soluções na seara da discricionariedade. Exemplifica-se.

Imagine-se um processo licitatório em que se pretenda utilizar a IA para a efetiva tomada da decisão administrativa. Veja-se que não se trata de utilizar o sistema de IA para identificar eventuais fraudes em procedimentos licitatórios – o que já é plenamente possível –,[481] mas do uso para que faça as vezes de gestor e escolha, dentre possíveis opções, inclusive acerca do procedimento a adotar, a mais apropriada à luz da legislação de regência das licitações.

Veja-se que hoje as regras de licitação se encontram em regime de transição no Brasil em virtude da publicação da Lei nº 14.133/2021, (nova) Lei de Licitações e Contratos Administrativos.[482] Segundo o

---

[481] Cf.: LOPES, Marco Antonio. *Aplicação de aprendizado de máquina na detecção de fraudes públicas*. 2019. Dissertação (Mestrado em Administração) – Faculdade de Economia, Administração e Contabilidade, Universidade de São Paulo, São Paulo, 2019. doi:10.11606/D.12.2020. tde-10022020-174317. Acesso em: 11 ago. 2021; PREGOEIRO virtual ajudará no combate a fraudes em licitações. *Gov.br: Governo Federal*. 11 jun. 2019.Portal do Servidor. Disponível em: https://www.gov.br/servidor/pt-br/assuntos/noticias/2019/06/pregoeiro-virtual-ajudara-no-combate-a-fraudes-em-licitacoes. Acesso em: 11 ago. 2021.

[482] BRASIL. *Lei nº 14.133, de 1º de abril de 2021*. Lei de Licitações e Contratos Administrativos. Brasília, DF: Presidência da República. Disponível em: http://www.planalto.gov.br/ccivil_03/_Ato2019-2022/2021/Lei/L14133.htm#art193. Acesso em: 11 ago. 2021.

art. 11 da referida lei,[483] o processo licitatório tem por objetivo, além da seleção da proposta mais vantajosa, do tratamento isonômico e da evitabilidade do sobrepreço, soluções ótimas nas contratações públicas que visem incentivar a *inovação* e o *desenvolvimento nacional sustentável* (DNS).

Observe-se que principalmente por se tratar de quase absoluta ausência de previsão legal acerca de qual solução eleger em cada caso concreto para promover o DNS e, a partir disso, definir o específico objeto da licitação, há evidente presença de discricionariedade administrativa.[484] Logo, a dupla decisão administrativa (que define a solução e, na sequência, delimita o objeto) devidamente motivada é que irá definir o atendimento ou não dos objetivos licitatórios previstos em lei.

Recorde-se que segundo Celso Antônio Bandeira de Mello a existência de discricionariedade não exime o decisor/gestor de adotar a melhor solução. Para o administrativista, "discricionariedade, portanto, é a margem de liberdade que remanesça ao administrador para eleger, segundo critérios consistentes de razoabilidade, um, dentre pelo menos dois comportamentos cabíveis, perante cada caso concreto [...]".[485]

O ponto conexo da análise, e que clareará o argumento, é o seguinte: caso se decida por utilizar a nova modalidade de *diálogo*

---

[483] "Art. 11. O processo licitatório tem por objetivos: I – assegurar a seleção da proposta apta a gerar o resultado de contratação mais vantajoso para a Administração Pública, inclusive no que se refere ao ciclo de vida do objeto; II – assegurar tratamento isonômico entre os licitantes, bem como a justa competição; III – evitar contratações com sobrepreço ou com preços manifestamente inexequíveis e superfaturamento na execução dos contratos; IV – *incentivar a inovação e o desenvolvimento nacional sustentável*". (grifo nosso). (BRASIL. *Lei nº 14.133, de 1º de abril de 2021. Lei de Licitações e Contratos Administrativos*. Lei de Licitações e Contratos Administrativos. Brasília, DF: Presidência da República.. Disponível em: http://www.planalto.gov.br/ccivil_03/_Ato2019-2022/2021/Lei/L14133.htm#art193. Acesso em: 11 ago. 2021.

[484] Tratando do tema, assim também pontua Daniel Ferreira: "No contexto é preciso compreender, ademais e a partir do exemplo oferecido, que a Administração Pública, por meio de uma licitação, jamais pretende, em si e por si, adquirir um veículo. Sua intenção, na hipótese, recai na (viabilização da) satisfação de uma necessidade administrativa, de transportar pessoas e coisas, da forma mais adequada possível. Daí porque, em tese, sob o manto da discricionariedade – *de liberdade nos limites da lei* –, a solução administrativa 'ótima' poderia se concretizar, similarmente, mediante licitação (e futura contratação) de outros objetos, como a locação de veículo ou a contratação de cooperativa (para prestação de serviços mediante fornecimento de veículo com motorista)." (FERREIRA, Daniel. *A licitação pública no Brasil e sua nova finalidade legal:* a promoção do desenvolvimento nacional sustentável. Belo Horizonte: Fórum, 2012. p. 34.)

[485] MELLO, 1993, p. 48.

competitivo,[486] restrita a inovações tecnológicas e técnicas, como fará a IA para definir o objeto da licitação? Que *database* disponível no mundo seria ótimo o suficiente para que ao sistema de IA pudesse decidir pelo objeto da licitação, sem vieses? Obviamente, o ser humano também encontra dificuldades ao se deparar com situações inusitadas como essa, mas, ressalte-se, investiga-se a situação de delegação da escolha a uma máquina.

Embora Daniel Boeing e Alexandre Morais da Rosa tratem abaixo de discricionariedade em sentido amplo, a constatação dos autores em pesquisa sobre heurísticas e vieses pelo decisor-robô aplica-se ao raciocínio desenvolvido para as decisões administrativas:

> Uma vez que o fenômeno jurídico é encarado não como uma "ciência exata", mas como uma atividade sujeita à discricionariedade, surgem novos questionamentos sobre o uso do aprendizado de máquina e do processamento de linguagem natural. Em primeiro lugar, deve-se ter em mente que linguagens de programação operam em apenas dois níveis semióticos, isto é, sintático e semântico, enquanto linguagens naturais possuem, para além destes, a dimensão pragmática. [...] Em segundo lugar, a existência de certo grau de discricionariedade na interpretação de termos, e, consequentemente, das normas jurídicas, levanta indagações sobre o modo como isso ocorre em Tribunais e de que forma isso interfere na elaboração de algoritmos.[487]

Acentua-se o problema quando se fala em definição de políticas públicas pela IA. De que forma o decisor-robô entenderá pela necessidade de se licitar determinado objeto? Infere-se que se tratará de um assunto de agenda política, de vieses. Ora, um sistema de IA programado para pensar política e economicamente a partir de uma ideologia libertária certamente tenderá a decisões administrativas pela desnecessidade licitatória; um sistema de IA programado para pensar política e economicamente a partir de uma

---

[486] "Art. 32. A modalidade *diálogo competitivo* é restrita a contratações em que a Administração: I – vise a contratar objeto que envolva as seguintes condições: [...] a) inovação tecnológica ou técnica;" BRASIL. Lei nº 14.133, de 1º de abril de 2021. Lei de Licitações e Contratos Administrativos. Lei de Licitações e Contratos Administrativos. Brasília, DF: Presidência da República. Disponível em: http://www.planalto.gov.br/ccivil_03/_Ato2019-2022/2021/Lei/L14133.htm#art193. Acesso em: 11 ago. 2021.

[487] BOEING, Daniel Henrique Arruda; ROSA, Alexandre Morais da. *Ensinando um robô a julgar:* pragmática, discricionariedade e vieses no uso de aprendizado de máquina no judiciário. Florianópolis: Emais academia, 2020. p. 109.

ideologia socialdemocrata decidirá de forma diversa, possivelmente tendendo a licitar em mais ocasiões, e exatamente para promover o DNS em suas variadas feições.

Evidente, portanto, que a utilização da IA na escolha administrativa sob o manto da discricionariedade, consubstanciada em uma decisão no âmbito da Administração Pública, teria de enfrentar determinados *bugs*, até mesmo uma inatividade ou, de fato, decidir de forma equivocada e enviesada, o que certamente causaria mais danos do que soluções. Ademais, há que se ter acuidade ao se falar de eficiência e inovação a partir da incorporação de sistemas de IA na seara decisória, especialmente quando se trata de discricionariedade administrativa. Importante sublinhar conclusão de Sandro Dezan em pesquisa sobre a IA no processo administrativo:

> O processo jurídico, no caso sob tela, o processo administrativo – o que não impede a aplicação em toda e qualquer decisão jurídica, jurisdicional ou não – conquanto ser o instrumento de concretização do direito material, em que as decisões se operam, passa ser composto, para os casos de inteligência artificial decisional, da transparência e da publicidade da lógica algorítmica de fundo, que deu fundamento ao resultado do processo.[488]

Nesta passagem, o supracitado autor compreende a necessidade de transparência e publicidade da lógica algorítmica nas decisões jurídicas – incluída as administrativas. Entretanto, Sandro Dezan conclui que a IA consegue aplicar princípios e valores normativos e, argumentando o fato de a máquina aprender com decisões anteriores, concebe restar preservado o elemento humano.[489]

Neste ponto, percebe-se que o autor não se refere, obviamente, aos sistemas de aprendizagem profunda e ao hipotético decisor-robô que tem sido objeto de investigação durante todo o trabalho, mas aos sistemas de "IA fraca" e, mesmo nesses casos, já identifica a necessidade de transparência e publicidade decisórias, corolários

---

[488] DEZAN, Sandro Lúcio. Desafios à transparência, à publicidade e à motivação da decisão jurídica assistida por sistemas de Inteligência Artificial no Processo Administrativo Valorativo. *In*: PINTO, H. A; GUEDES, J. C.; CERQUEIRA, J. P. (Coord.). *Inteligência artificial aplicada ao processo de tomada de decisões*. Belo Horizonte: D'Plácido, 2021. p. 513-538. p. 534.

[489] DEZAN, 2021, p. 534.

da explicabilidade: "[...] as decisões jurídicas assistidas por sistemas inteligentes devem buscar a transparência pelas vias habituais (motivação e publicidade) acrescidas da via técnica".[490]

No âmbito da fundamentação e explicabilidade das decisões administrativas, é preciso atentar para a necessidade de atendimento pleno do princípio da eficiência, e como constitucionalmente exigido (art. 37, caput, com a redação dada pela EC 19/1998), cuja extensão e intensidade pode ser depreendida da seguinte proposta conceitual de Daniel Ferreira:

> Justapondo aludidos corolários, é possível conceituar o princípio da eficiência da seguinte forma: é aquele (a) princípio geral (b) que impõe a quem se encontra no exercício de função administrativa (c) o dever de perseguir os interesses coletivos, como fim – priorizando um (ou uns) em relação aos outros, conforme o caso, (d) de promover a escolha e a concretização da atuação jurídica ou material menos gravosa para as partes envolvidas – como meio, (e) mediante otimização de recursos públicos – como critério de eleição e de aceitabilidade de comportamentos e de resultados (prováveis), sempre que possível, e (f) com revisão retrospectiva dos resultados concretamente obtidos.[491]

A partir disso, tudo leva a crer que será muito difícil (se não mesmo impossível) a uma IA atender a esse requisito de validade, tanto em termos de fundamentação como em relação à explicabilidade da decisão porventura tomada, ou, quando menos, sugerida.

Outrossim, é importante sublinhar que a discussão acerca da explicabilidade das decisões implica diretamente a consideração dos princípios constitucionais do contraditório e da ampla defesa, justamente em razão de necessidade de se preservar a transparência das decisões algorítmicas. O jurisdicionado tem o direito de compreender a decisão eventualmente delegada ao robô, que não exerce a jurisdição no sistema brasileiro – o mesmo vale para a esfera controladora; de igual modo, o administrado tem o direito de compreender a decisão do gestor pela ratificação de eventual conclusão algorítmica que o auxiliou ou substituiu na tomada da decisão política.

---

[490] Ibidem, p. 516.
[491] FERREIRA, Daniel. O princípio da eficiência, para além da retórica. FERREIRA, Daniel (Org.). *Jurisdição, processo e direito na contemporaneidade.* Curitiba: InterSaberes, Madrid: Marcial Pons, 2020. p. 214-215.

Obviamente que o mesmo problema se enfrenta na tomada de decisões por seres humanos. Entretanto, quando se trata de processo, o sistema previu os embargos de declaração, cujo objetivo é justamente provocar o decisor a esclarecer a decisão tomada. De outro vértice, mostra-se impensável se embargar a decisão algorítmica, porquanto a potencial resposta aos embargos se mostraria ainda mais ininteligível: precisamente se estaria a visualizar desejas de códigos em linguagem de programação, resultados de operações, dentre outros comandos igualmente incompreensíveis pelo destinatário da decisão.

3.5 Considerações parciais

Neste terceiro e último Capítulo, buscou-se dissertar a respeito das possibilidades de utilização da inteligência artificial na fundamentação das decisões administrativas e judiciais no Brasil. Para isso, iniciou-se a discussão analisando o aspecto fático da inteligência artificial na Administração Pública e no Poder Judiciário. Conclui-se que no campo das potencialidades e hipóteses, não há impedimento fático a ser considerado na implementação do juiz-robô ou controlador-robô nas esferas administrativa, controladora e judicial. Na verdade, o que se tem a respeito do desenvolvimento de tecnologias oriundas da IA, é, justamente, a tendência de, no mínimo, coexistência entre os juízes pessoas naturais e os juízes-robô.

Trabalhou-se no capítulo a irresistibilidade detectável na incorporação de sistemas de IA nas esferas administrativa e judicial, ressaltando a tendência dos decisores (juízes, controladores e gestores) de não questionar a máquina, em virtude das próprias limitações humanas do ponto de vista material.

Difícil é imaginar, porém, um gestor público-robô. Muito embora seja possível verificar a presença da IA no auxílio à definição de políticas públicas e a tomada de decisões em geral na Administração Pública, em virtude da amplitude de competências de um Prefeito, Governador ou Presidente, não se vislumbra a possibilidade fática de serem simplesmente substituídos por máquinas. A recíproca em relação aos servidores não é verdadeira. Na verdade, embora questionável, a realidade é que a adoção de IA nas esferas administrativa, controladora e judicial ocasiona a redução de custos e a necessidade de servidores e colaboradores pessoas naturais.

Ainda no campo das possibilidades de fundamentação das decisões, perquiriu-se os sistemas de IA vigentes hoje na Administração e no Judiciário brasileiros. Neste ponto, a pesquisa mostrou-se mais descritiva, muito embora as particularidades e funcionalidade de diversos sistemas tenham sido exploradas, como o sistema *Victor* do Supremo Tribunal Federal, o *Corpus 927* do Superior Tribunal de Justiça, assim os sistemas utilizados pelo Tribunal de Contas da União, entre outros. Conclui-se que os sistemas vigentes hoje são em sua grande maioria auxiliares da justiça, não sendo possível se observar ainda a figura do juiz-robô explorada hipoteticamente no presente Capítulo.

Desenvolveu-se a questão dos dados que fundamentam os sistemas de IA, discorrendo-se a respeito da (plena) possibilidade de o *database* restar maculado antes mesmo do desenvolvimento do sistema propriamente dito, o que demanda um esforço ético e reforça a necessidade de regulação. O constatado explicita a existência de vícios originários dos dados, perfazendo-se em limitação material à incorporação da IA na seara decisória.

No ponto seguinte, investigou-se o controle, a motivação e discricionariedade em seus mais amplos sentidos, com o intuito de situar e delimitar a análise feita nas linhas seguintes. Concluiu-se que a visão contemporânea de controle concebe que os atos administrativos estão sujeitos a posterior controle pelo Poder Judiciário. Aliás, independentemente de sua natureza, a jurisprudência tem entendido pelo amplo controle jurisdicional. Ainda, a motivação dos atos administrativos é requisito de validade, consubstanciando-se em verdadeiro dever/obrigação, assim como o é a fundamentação das decisões judiciais. Observou-se que a discricionariedade não significa necessariamente liberdade de escolha, mas a escolha localizada nos limites da legislação pertinente.

Do tópico de estudo da IA no atendimento aos parâmetros de fundamentação das decisões administrativas e judiciais, conclui-se que os ditos parâmetros de fundamentação são obrigatórios e requisitos de validade das decisões. Dos debates acerca da possibilidade ou impossibilidade jurídica do juiz-robô no sistema brasileiro, conclui-se não ser juridicamente viável a proposta de uma jurisdição plenamente robotizada. O principal argumento pela conclusão exposta foi da impossibilidade de atendimento, pela IA, dos parâmetros de fundamentação das decisões. O desenvolvimento robusto da argumentação foi feito nos dois tópicos seguintes deste Capítulo.

No campo dos parâmetros de fundamentação das decisões administrativas e judiciais no Brasil, verificou-se a legislação de regência, especialmente o Código de Processo Civil e a Lei de Introdução às Normas do Direito Brasileiro. Conclui-se que são regramentos obrigatórios e essenciais à validade das decisões administrativas e judiciais no Brasil.

Quanto ao problema de subsunção do fato à norma pela IA, conclui-se que a questão é de ordem parcial em virtude ser plenamente possível que a IA reproduza raciocínios de subsunção do fato à norma, inclusive fundamente eventual minuta de decisão. O imbróglio se encontra no atendimento aos parâmetros de fundamentação das decisões, os quais exigem sensibilidade humana para serem atendidos, especialmente na expressão de consequências práticas e no exercício de empatia e contextualização decisória exigidos pela Lei de Introdução.

Conclui-se ainda que a IA enfrenta mais dois desafios à sua implementação: a decisão algorítmica não é explicável. Embora seja possível que fundamente a decisão, não é possível ter pleno conhecimento, acesso e compreensão de *como* o sistema dotado de inteligência artificial chegou às conclusões resultado de sua operação. Em um cenário ainda mais complexo, envolvendo situações de discricionariedade (administrativa) e de políticas públicas – em que as decisões primordiais são tomadas por agentes políticos, inclusive por aquelas pessoas humanas eleitas para a chefia do poder executivo exatamente na condição de filiadas ao partido A – mesmo para uma "IA forte" seria impossível substituir o homem na tomada da decisão, quanto mais para fundamentá-la e explicá-la, tornando a implementação do administrador-robô (e mesmo a do juiz-robô ativista) juridicamente inviável.

CONSIDERAÇÕES FINAIS

Não há mais como fugir para as colinas. A inteligência artificial veio para ficar. Conforme se viu com Klaus Schwab, a sociedade contemporânea vive uma nova Revolução. Situa-se na Quarta. E essa Revolução certamente já incorporou às tecnologias de IA. A Revolução referida pelo autor é digital e se dá no âmbito das novas tecnologias. Como em toda Revolução, algo se perderá ou será destituído. Alguém ficará para trás. Não é preciso ir muito longe para compreender que a desigualdade social e econômica não permitirá a sua plena realização. Embora Schwab seja otimista, nem tudo são flores. Verificou-se do primeiro Capítulo, que é mais descritivo, que se vive na era dos algoritmos. Inclusive os indivíduos estão submetidos às decisões algorítmicas. Individualmente, a inteligência artificial se trata de tecnologia mais complexa.

Analisaram-se os fundamentos e a história da IA. A diferença importante a se destacar da tecnologia é a sua capacidade de aprendizagem, o *machine learning*. Através da experiência, o robô dotado de IA consegue reproduzir e até mesmo produzir, criar. Viu-se que existem graus de aprendizagem de máquina, os quais inclusive demandam maior ou menor intervenção humana. Estudaram-se os algoritmos e a IA na sociedade global, tecnológica e de risco. A partir de Ulrich Beck especialmente, observou-se a predição de que os riscos são compartilhados na sociedade global. Em uma leitura tecnológica, compreendeu-se que o diagnóstico de Beck também se aplica a tecnologias não necessariamente mortais, como a IA.

Com o intuito de constatar o atual "estado de coisas", pesquisaram-se as consequências e os impactos da IA. Viu-se que um resultado possível é a substituição de postos de trabalhos pelas máquinas inteligentes, o que certamente ocasiona consequências socioeconômicas importantes, em razão do conseguinte desemprego. Obviamente, acentua-se a desigualdade social. Embora não existam tão somente impactos negativos, destacou-se neste ponto porque é justamente neste campo que reside a necessidade de se pesquisar por soluções para mitigar os riscos.

Também se observou, ainda no Capítulo inicial, as tendências de mudanças na área jurídica, que implicarão na necessidade de criação de disciplinas específicas para o estudo de tecnologias, IA, notadamente aplicadas ao direito. Os novos profissionais deverão encontrar uma jurisdição senão plenamente virtualizada, ao menos majoritariamente de seus atos sendo praticados de forma virtual e com o auxílio das tecnologias oriundas da IA.

No Capítulo dois se dissertou sobre os limites jurídicos da IA no Brasil. Verificou-se, a partir de estudiosos sobre o tema da regulação das novas tecnologias e da IA, a imprescindibilidade de um marco legal para o uso da IA no país. Viu-se que a grande problemática envolvendo a regulação de tecnologias reside no dinamismo e na atualização constante dos arranjos algorítmicos e do aprendizado cada vez mais sofisticado das tecnologias advindas da IA. O que se propôs, nesse particular, na linha dos teóricos estudados, foi uma regulação não exaustiva e aberta, possibilitando uma certa maleabilidade interpretativa. Desta forma, o imbróglio de ausência de regulação restaria solucionado, e os atributos intrínsecos dos sistemas de IA e dos algoritmos se adequariam ao regulamento. Outra proposição seria relegar aos regulamentos administrativos, como ocorreu no caso da Resolução 332 do CNJ. O grande problema seria que questões afetas à responsabilização por danos não poderiam ser contempladas no regulamento administrativo.

Analisou-se no mesmo Capítulo o marco europeu para o uso da inteligência artificial. Mais precisamente, verificaram-se as orientações éticas para uma IA de confiança expedida pelo grupo independente de peritos da Comissão Europeia, assim como se discorreu acerca da Resolução nº 2015/2103, de 16 de fevereiro de 2017, do Parlamento Europeu, a qual teceu recomendações à Comissão de Direito Civil sobre robótica.

Posteriormente, pesquisou-se artigo por artigo da Resolução 332/2020, do CNJ, que buscou tratar sobre a ética, a transparência e a governança na produção e no uso de IA no Poder Judiciário. Sabe-se que existem dezenas de projetos de adoção de sistemas de IA no Brasil atualmente, por isso a urgência de se regular, especialmente em virtude da ausência de legislação sobre o tema. Verificou-se que a resolução segue o caminho europeu na regulação, buscando traçar limites éticos e elencar princípios norteadores no uso da tecnologia. Verificaram-se ainda disposições específicas sobre a equipe de desenvolvimento da IA, além de justificável preocupação em garantir a intervenção humana durante todo o processo de criação, teste e aplicação dos sistemas. Na mesma linha do marco europeu, é nítida a tentativa de prevenção de potenciais danos causados pelo uso e manejo dos sistemas de IA, da não discriminação e na preservação da confiabilidade no sistema.

No Capítulo intermediário ainda se analisou a inexistência de personalidade jurídica da IA no Brasil, bem como a inexistência de *e-persons*. Verificou-se que a titularidade dos direitos de personalidade no contexto pátrio é destinada às pessoas naturais. Ainda assim, em virtude de a IA com aprendizagem profunda ser capaz inclusive de "criar" no sentido mais amplo do termo, analisou-se eventual existência de direito autoral e sua titularidade. Estudou-se que a legislação de regência dos direitos autorais no Brasil não abre margens a interpretações diferentes da titularidade dos direitos pelas pessoas naturais, em virtude de os atributos referidos na legislação não poderem ser ostentados pelas máquinas artificiais.

No terceiro e último Capítulo se analisaram as possibilidades de utilização da IA na fundamentação das decisões administrativas e judiciais no Brasil. Iniciou-se com breves considerações a respeito do aspecto fático da IA na Administração Pública e no Poder Judiciário. Viu-se que a análise estritamente fática conduz à plena possibilidade de existência de juízes-robô. Após, e o que reforça a conclusão anterior em virtude dos avanços de pesquisa sobre o tema, verificaram-se os sistemas de IA plenamente implementados no âmbito das esferas controladora e jurisdicional. Viram-se sistemas como o *Victor* no STF e o *Corpus* 927 no STJ, que auxiliam o exame de admissibilidade recursal nas cortes superiores. No âmbito do TCU, analisaram-se os diversos mecanismos de IA, como o robô *Sofia*.

Concluiu-se que a incorporação da governança, *compliance* e a primazia ética no desenvolvimento dos sistemas de IA são os caminhos mais sólidos a se vislumbrar para um futuro com uma jurisdição, uma Administração Pública e um controle em que se deva (co)existir com as máquinas inteligentes. Vislumbrou-se a hipótese de equívocos originários na incorporação dos sistemas de

IA, notadamente a partir de limitações do ponto de vista material acerca dos dados que alimentam o sistema. O constado reforça, a reboque, a necessidade de regulação da IA. Com a base de dados precária, o aprendizado será deficitário.

Detectou-se uma tendência de irresistibilidade na incorporação das decisões tomadas pelos sistemas de IA nas esferas administrativa e judicial, ressaltando a tendência dos decisores (juízes, controladores e gestores) de não questionar a máquina, em virtude das próprios limitações humanas do ponto de vista material.

Ainda no derradeiro Capítulo, verificaram-se aspectos relacionados ao controle da Administração, com o intuito de verticalizar o estudo proposto. Viu-se o controle de forma ampla, tendo como foco especialmente as decisões administrativas e posterior e eventual controle jurisdicional. Compreendeu-se que as decisões administrativas são atos administrativos e estão, portanto, igualmente sujeitas a posterior controle pelo Poder Judiciário, em virtude das características do sistema jurídico brasileiro, que é o de unicidade de jurisdição. Viu-se a possibilidade de controle interno e externo e as hipóteses de convalidação e invalidade dos atos administrativos.

Estudou-se a discricionariedade administrativa, conceito e identificação, bem como assentou-se a possibilidade de controle pelo Judiciário, ressalvados o mérito, oportunidade e conveniência, mas, mesmo a ressalva, sustenta exceções. Analisou-se a motivação das decisões administrativas, que é condição de validade e legitimidade do ato. Deste modo, todas as decisões administrativas precisam ser devidamente fundamentadas, em que pese a disposição contida no art. 50 da Lei 9.784/1999 possa passar impressão diversa.

Vislumbrou-se posteriormente a IA no atendimento aos parâmetros de fundamentação das decisões administrativas e judiciais. Inicialmente, buscou-se analisar a impossibilidade jurídica do juiz-robô no Brasil, suplementando a argumentação de Luís Greco no sentido de que o direito positivo brasileiro já responde a problemática de conformidade ou não com o direito posto. Em momento posterior, buscou-se a análise específica dos parâmetros de fundamentação das decisões administrativas e judiciais, destrinchando o texto normativo vigente, notadamente o Código de Processo Civil e a Lei de Introdução às Normas do

Direito Brasileiro. Viu-se que o Código de Processo Civil, no art. 489, §1º, é o lastro de fundamentação das decisões judiciais. A Lei de Introdução às Normas do Direito Brasileiro, porém, aplica-se às esferas administrativa, controladora e judicial e, portanto, tanto os gestores públicos, como os controladores e juízes, devem deferência às suas disposições.

Sublinhou-se que o art. 20 da LINDB exige a demonstração das consequências práticas da decisão na hipótese de se decidir com base em valores jurídicos abstratos. As consequências, porém, serão as identificadas pelo decisor no exercício diligente de suas funções, na sua experiência e vivência. Destacou-se que o art. 22 da LINDB exige um exercício de alteridade por parte do controlador (administrativo e judicial) nos julgamentos, levando-se em consideração as dificuldades reais, as limitações e as exigências das políticas públicas a seu cargo.

Verificou-se ainda o problema da subsunção do fato à norma pela IA. Identificou-se que se trata de um problema parcial, porquanto a IA é plenamente capaz de realizar exercícios subsuntivos, e até mesmo fundamentar suas decisões. O constatado não torna o juiz-robô, porém, capaz de atender aos parâmetros de fundamentação das decisões administrativas e judiciais conforme exigido pelo ordenamento jurídico brasileiro. À medida em que o *case* exige variados juízos subsuntivos, não se sabe se a IA será capaz de sopesá-los, especialmente porque pende a questão da explicabilidade das decisões. Os desenvolvedores da IA, em certa medida, não conseguem explicar a decisão algorítmica, porquanto é atributo do sistema autônomo se tornar com o tempo uma *black box*, concluindo de forma independente e fundamentada, mas não autoexplicável.

Ademais, no campo da fundamentação das decisões, os parâmetros trabalhados no texto exigem atributos exclusivamente humanos para o seu atendimento. O exercício de empatia com gestor público e a promoção do desenvolvimento nacional sustentável, por exemplo, demandam valoração e sensibilidade não ostentada pelas máquinas. Conclui-se ainda que a IA enfrenta mais um desafio à sua implementação: a decisão algorítmica não é explicável. Embora seja possível que fundamente a decisão, não é possível ter pleno conhecimento, acesso e compreensão de como o sistema dotado de inteligência artificial chegou às conclusões resultado de sua operação, o que se mostra ainda mais crítico ao se cogitar de sua adoção para tomada de decisões envolvendo discricionariedade (administrativa) e políticas públicas. Outrossim, as consequências práticas da decisão demandam sensibilidade a partir da experiência do decisor, da sua história. Nesse contexto, o administrador-robô ou o juiz-robô dotado de IA se mostra juridicamente indefensável.

Além disso, aventou-se que a discussão da explicabilidade das decisões tem relação direta com as regras de transparência, contraditório e ampla defesa que imperam no sistema brasileiro, justamente pelo fato de que os destinatários da decisão artificial necessitam ter conhecimento acerca dos critérios utilizados pelo sistema decisório. Ainda que se pudesse opor, como admitido pelo sistema brasileiro, embargos aclaratórios, o risco é evidente de que a resposta ao recurso se manifeste em documento repleto de comandos e linguagem de programação, igualmente ininteligíveis aos jurisdicionados.

REFERÊNCIAS

ALMEIDA, D. P; MONDE, I. G. D.; PINHEIRO, P. P. (Coord.). *Manual de Propriedade Intelectual*. São Paulo: UNESP, 2013.

ALVES, Fernando de Brito; CORRÊA, Elídia Aparecida de Andrade; CAMBI, Eduardo. Interfaces artificiais e interpretação judicial: o problema do uso da inteligência artificial e da metodologia fuzzy na aplicação do Direito. *Revista de Direito Brasileira: RDB*, Florianópolis, v. 9, n. 23, p. 5-27, mai./ago. 2019.

ANDRADE, Mariana Dionísio de *et al*. Inteligência artificial para o rastreamento de ações com repercussão geral: o Projeto Victor e a realização do princípio da razoável duração do processo. *Revista Eletrônica de Direito Processual: REDP*, Rio de Janeiro, v. 21, n. 1, p. 312-335, jan./abr. 2020.

ANDRADE, Mariana Dionísio de; ROSA, Beatriz de Castro; PINTO, Eduardo Régis Girão de Castro. Legal tech: analytics, inteligência artificial e as novas perspectivas para a prática da advocacia privada. *Revista Direito GV*, São Paulo, v. 16, n. 1, jan./abr. 2020.

ANDRADE, Sara. A informação na sociedade contemporânea: uma breve abordagem sobre a sociedade da informação, o fenômeno global e a mundialização da cultura. *Revista UNI-RN*, v. 1, n. 1, p. 207, 29 ago. 2008.

ARAS, Vladimir. A inteligência artificial e o direito de ser julgado por humanos. *In*: PINTO, H. A; GUEDES, J. C.; CERQUEIRA, J. P. (Coord.). *Inteligência artificial aplicada ao processo de tomada de decisões*. Belo Horizonte: D'Plácido, 2021. p. 85-130.

ARAÚJO, Érik da Silva e SIMIONI, Rafael Larazzotto. Decisão jurídica e inteligência artificial: um retorno ao positivismo. *Revista de Direito*, Viçosa, v. 12, n. 2, jul./dez. 2020.

ARAÚJO, Florisvaldo Dutra de. *Motivação e controle do ato administrativo*. Belo Horizonte: Del Rey, 1992.

ARTERO, Almir Olivette. *Inteligência artificial*: teórica e prática. São Paulo: Livraria da Física, 2009.

BAIXA de processos é automatizada na 1ª e 2ª instâncias. *Tribunal de Justiça do Estado de Minas Gerais*, [s. l.], 29 ago. 2018. Notícias. Disponível em: https://www.tjmg.jus.br/portal-tjmg/noticias/baixa-de-processos-e-automatizada-na-1-e-2-instancias.htm#.X1ZIj4tv_IU. Acesso em: 07 set. 2020.

BAGGIO, Andreza Cristina. A sociedade de risco e a confiança nas relações de consumo. *Revista de Direito Econômico e Socioambiental*, Curitiba, v. 1, n. 1, p. 127-147, jan./jun. 2010.

BAHIA, Alexandre; PEDRON, Flávio. A fundamentação substancial das decisões judiciais no marco do novo Código de Processo Civil. *Revista de Processo*, v. 256, p. 35-64, n. 2016.

MELLO, Celso Antônio Bandeira de. *Discricionariedade e controle jurisdicional*. 2. ed. São Paulo: Malheiros, 1993.

MELLO, Celso Antônio Bandeira de. *Curso de direito administrativo*. 32. ed. São Paulo: Malheiros, 2014.

BAPTISTA, Patrícia; KELLER, Clara Iglesias. Por que, quando e como regular as novas tecnologias? Os desafios trazidos pelas inovações disruptivas. *RDA – Revista de Direito Administrativo*, Rio de Janeiro, v. 273, p. 123-163, set./dez. 2016.

BARBOSA, Mafalda Miranda. Inteligência Artificial, e-persons e direito: desafios e perspectivas. *RJLB*, a. 3, n. 6, 2017, p. 1475-1503.

BARBOZA, Ingrid Eduardo Macedo. A jurimetria aplicada na criação de soluções de Inteligência artificial, desenvolvidas pelo CNJ, em busca do aprimoramento do poder judiciário. *Revista Diálogo Jurídico*, Fortaleza, v. 18, n. 2, p. 9-23, jul./dez. 2019.

BATHAEE, Y. The artificial intelligence black box and the failure of intent and causation. *Harvard Journal of Law and Technology*, v. 31, n. 2, p. 922-932, 2018.

BEBER, Rafael Contreiras Costa. Regras e o paradigma da subsunção: verificação da validade na epistemologia jurídico-positivista à luz da hermenêutica filosófica. *Publicadireito*. Disponível em: http://www.publicadireito.com.br/artigos/?cod=073c83fb6a553225. Acesso em: 04 ago. 2021.

BECK, Ulrich. *Sociedade de risco*: rumo a uma outra modernidade. Trad.: Sebastião Nascimento. São Paulo: Editora 34, 2010.

BESOLD, T. R., UCKELMAN, S. L. *The what, the why, and the how of artificial explanations in automated decision making*. [S. l.], 2018. Disponível em: https://arxiv.org/pdf/1808.07074.pdf. Acesso em. 01 ago. 2021.

BESSA, L. R.; MOURA, W. J. F. de. *Manual de defesa do consumidor*. 4. ed. Brasília: Escola Nacional de Defesa do Consumidor, 2014.

BINENBOJM, Gustavo. Da supremacia do interesse público ao dever de proporcionalidade: um novo paradigma para o direito administrativo. *Revista de Direito Administrativo – RDA*, Rio de Janeiro, v. 239, p. 1-32, jul. 2005.

BIONI, Bruno Ricardo; LUCIANO, Maria. O princípio da precaução em regulação de Inteligência Artificial: seriam as leis de proteção de dados o seu portal de entrada? *In*: MULHOLLAND, Caitlin; FRAZÃO, Ana (Coord.). *Inteligência artificial e direito*: ética, regulação e responsabilidade. 2. ed. São Paulo: Revista dos Tribunais, 2020. p. 205-229.

BLANCO, Carlos. *Historia de la neurociência*: el conocimiento del cérebro y la mente desde una perspectiva interdicisplinar. Madrid: Biblioteca Nueva, 2014. Amazon Kindle Edition, posição 4.770.

BOBBIO, Norberto. *Teoria do ordenamento jurídico*. Trad.: Maria Celeste Santos. 6. ed. Brasília: Editora Universidade de Brasília, 1995.

BOEHM, Camila. Tribunais de Contas agilizam fiscalização com inteligência artificial. *Agência Brasil*. Rio de Janeiro, 03 set. 2020. Disponível em: https://agenciabrasil.ebc.com.br/geral/noticia/2020-09/tribunais-de-contas-agilizam-fiscalizacao-com-inteligencia-artificial. Acesso em: 07 set. 2020.

BOEING, Daniel Henrique Arruda; ROSA, Alexandre Morais da. *Ensinando um robô a julgar*: pragmática, discricionariedade e vieses no uso de aprendizado de máquina no judiciário. Florianópolis: Emais academia, 2020.

BRAGA, Lamartine Vieira, O papel do Governo Eletrônico no fortalecimento da governança no setor público. *Revista do Serviço Público*, Brasília, vol. 59, n. 1, p. 05-21, jan./mar. 2008.

BRASIL. *Decreto-lei nº 4.657, de 4 de setembro de 1942*. Lei de Introdução às normas do Direito Brasileiro. Rio de Janeiro, DF: Presidência da República. Disponível em: http://www.planalto.gov.br/ccivil_03/decreto-lei/del4657compilado.htm. Acesso em 05 jul. 2022.

REFERÊNCIAS

BRASIL. [Constituição (1988)]. *Constituição da República Federativa do Brasil de 1988*. Brasília, DF: Presidência da República. Disponível em: http://www.planalto.gov.br/ccivil_03/constituicao/constituicao.htm. Acesso em: 28 abr. 2021.

BRASIL. *Lei nº 8.078, de 11 de setembro de 1990*. Dispõe sobre a proteção do consumidor e dá outras providências. Brasília, DF: Presidência da República. Disponível em: http://www.planalto.gov.br/ccivil_03/leis/l8078compilado.htm. Acesso em: 8 mar. 2021.

BRASIL. *Lei nº 9.610, de 19 de fevereiro de 1998*. Altera, atualiza e consolida a legislação sobre direitos autorais e dá outras providências. Brasília, DF: Presidência da República. Disponível em: http://www.planalto.gov.br/ccivil_03/leis/l9610.htm. Acesso em 05 jul. 2022.

BRASIL, *Lei nº 9.784, de 29 de janeiro de 1999*. Regula o processo administrativo no âmbito da Administração Pública Federal. Brasília, DF: Presidência da República. Disponível em: http://www.planalto.gov.br/ccivil_03/leis/l9784.htm. Acesso em: 11 ago. 2021.

BRASIL. *Lei nº 10.406, de 10 de janeiro de 2002*. Institui o Código Civil. Brasília, DF: Presidência da República. Disponível em: http://www.planalto.gov.br/ccivil_03/leis/2002/l10406compilada.htm. Acesso em: 18 mai. 2021.

BRASIL. *Emenda Constitucional nº 45, de 30 de dezembro de 2004*. Altera dispositivos dos arts. 5º, 36, 52, 92, 93, 95, 98, 99, 102, 103, 104, 105, 107, 109, 111, 112, 114, 115, 125, 126, 127, 128, 129, 134 e 168 da Constituição Federal, e acrescenta os arts. 103-A, 103B, 111-A e 130-A, e dá outras providências. Brasília, DF: Presidência da República. Disponível em: http://www.planalto.gov.br/ccivil_03/constituicao/emendas/emc/emc45.htm. Acesso em 05 jul. 2022.

BRASIL. *Lei nº 13.105, de 16 de março de 2015*. Código de Processo Civil. Brasília, DF: Presidência da República. Disponível em: http://www.planalto.gov.br/ccivil_03/_ato2015-2018/2015/lei/l13105.htm. Acesso em 05 jul. 2022.

BRASIL. *Lei nº 13.655, de 25 de abril de 2018*. Inclui no Decreto-Lei nº 4.657, de 4 de setembro de 1942 (Lei de Introdução às Normas do Direito Brasileiro), disposições sobre segurança jurídica e eficiência na criação e na aplicação do direito público. Brasília, DF: Presidência da República. Disponível em: http://www.planalto.gov.br/ccivil_03/decreto-lei/del4657compilado.htm. Acesso em: 11 ago. 2021.

BRASIL. *Lei nº 13.709, de 14 de agosto de 2018*. Lei Geral de Proteção de Dados Pessoais (LGPD). Brasília, DF: Presidência da República. Disponível em: http://www.planalto.gov.br/ccivil_03/_ato2015-2018/2018/lei/L13709compilado.htm. Acesso em 06 jul. 2022.

BRASIL. *Decreto nº 9.830, de 10 de junho de 2019*. Regulamenta o disposto nos art. 20 ao art. 30 do Decreto-Lei nº 4.657, de 4 de setembro de 1942, que institui a Lei de Introdução às normas do Direito brasileiro. Brasília, DF: Presidência da República. Disponível em: http://www.planalto.gov.br/ccivil_03/_Ato2019-2022/2019/Decreto/D9830.htm. Acesso em: 11 ago. 2021.

BRASIL. *Lei nº 14.133, de 1º de abril de 2021*. Lei de Licitações e Contratos Administrativos. Brasília, DF: Presidência da República. Disponível em: http://www.planalto.gov.br/ccivil_03/_Ato2019-2022/2021/Lei/L14133.htm#art193. Acesso em: 11 ago. 2021.

BRASIL. Conselho Nacional de Justiça. Resolução nº 332 de 21 de agosto de 2020. Dispõe sobre a ética, a transparência e a governança na produção e no uso de Inteligência Artificial no Poder Judiciário e dá outras providências. *DJe/CNJ*, nº 274, de 25.08.2020.

BRASIL. Ministério da Ciência, Tecnologia, Inovações e Comunicações. Gabinete do Ministro. Portaria nº 1.122, de 19 de março de 2020. Define as prioridades, no âmbito do Ministério da Ciência, Tecnologia, Inovações e Comunicações (MCTIC), no que se refere a projetos de pesquisa, de desenvolvimento de tecnologias e inovações, para o período 2020 a 2023. *Diário Oficial da União*, edição: 57, seção 1, página 19, 2020, publicado em 24 mar. 2020.

BRASIL. Ministério da Ciência, Tecnologia, Inovações e Comunicações. Gabinete do Ministro. Portaria GM nº 4.617, de 6 de abril de 2021. Institui a Estratégia Brasileira de Inteligência Artificial e seus eixos temáticos. *Diário Oficial da União,* edição 67, seção: 1, página 30, publicado em 12 abr. 2021.

BRASIL. Ministério da Ciência, Tecnologia, Inovações e Comunicações. Gabinete do Ministro. Portaria MCTI nº 4.979, de 13 de julho de 2021. Altera o anexo da portaria MCTI nº 4.617, de 6 de abril de 2021, que institui a estratégia brasileira de inteligência artificial e seus eixos temáticos. *Diário Oficial da República Federativa do Brasil,* edição: 132, seção 1, página 16, publicado em 15 jul. 2021.

BRASIL. Senado Federal. *Projeto de Lei nº 5.051, de 2019.* Estabelece os princípios para o uso da Inteligência Artificial no Brasil. Brasília: Senado Federal, 2019. Disponível em: https://legis.senado.leg.br/sdleg-getter/documento?dm=8009064&ts=1624912281642&disposition=inline. Acesso em: 11 ago. 2021.

BRASIL. Senado Federal. *Projeto de Lei nº 872, de 2021.* Dispõe sobre o uso da Inteligência Artificial. Brasília: Senado Federal, 2021. Disponível em: https://legis.senado.leg.br/sdleg-getter/documento?dm=8940096&ts=1627994709939&disposition=inline. Acesso em: 11 ago. 2021.

BRASIL. Superior Tribunal de Justiça (5ª Turma). *Recurso em Mandado de Segurança nº 19.210/RS.* Recorrente: Sérgio Jobim Dutra. Recorrido: Estado do Rio Grande do Sul. Relator: Ministro Felix Fischer, 10 abr. 2004. Brasília: STJ [2004]. Disponível em: https://processo.stj.jus.br/processo/pesquisa/?num_registro=200401612105&aplicacao=processos.ea. Acesso em: 09 ago. 2021.

BRASIL. Superior Tribunal de Justiça. *Informativo nº 548.* 22 out. 2014. Brasília: STJ [2014]. Disponível em: https://scon.stj.jus.br/SCON/SearchBRS?b=INFJ&tipo=informativo&livre=@COD=%270548%27.

BRASIL. Superior Tribunal de Justiça. *Núcleo da presidência do STJ contribuiu para a redução do acervo processual da corte.* 11 mar. 2021. Brasília: STJ [2021]. Disponível em: https://www.stj.jus.br/sites/portalp/Paginas/Comunicacao/Noticias/11032021-Nucleo-da-presidencia-do-STJ-contribuiu-para-a-reducao-do-acervo-processual-da-Corte.aspx. Acesso em: 04 ago. 2021.

BRASIL. Superior Tribunal de Justiça (4ª Turma). *Agravo Interno no Agravo em Recurso Especial nº 1642257/MA.* Relator: Ministro Raul Araújo, 15 mar. 2021. Brasília: STJ [2021]. Disponível em: https://scon.stj.jus.br/SCON/GetInteiroTeorDoAcordao?num_registro=201903786472&dt_publicacao=07/04/2021. Acesso em: 12 abr. 2021.

BRASIL. Supremo Tribunal Federal (Tribunal Pleno). *Ação Direta de Inconstitucionalidade nº 4.815.* Liberdade de expressão, de informação, artística e cultural, independente de censura ou autorização prévia (art. 5º INCS. IV, IX, XIV; 220, §§1º E 2º) e inviolabilidade da intimidade, vida privada, honra e imagem das pessoas (art. 5º, inc. X). Adoção de critério da ponderação para interpretação de princípio constitucional. Proibição de censura (estatal ou particular). Garantia constitucional de indenização e de direito de resposta. Ação direta julgada procedente para dar interpretação conforme à constituição aos arts. 20 e 21 do código civil, sem redução de texto. Ministra Relatora: Cármen Lúcia, 10 jun. 2015, Brasília: STF, [2016]. Disponível em: https://redir.stf.jus.br/paginadorpub/paginador.jsp?docTP=TP&docID=10162709. Acesso em: 12 ago. 2021.

BRASIL, Supremo Tribunal Federal. *Ação Direta de Inconstitucionalidade nº 4.874.* Requerente: Confederação Nacional da Indústria. Intimados: Presidente da República e Congresso Nacional, 01 de fevereiro de 2018. Brasília: STF, [2018]. Disponível em: http://stf.jus.br/portal/diarioJustica/verDiarioProcesso.asp?numDj=24&dataPublicacaoDj=09/02/2018&incidente=4328586&codCapitulo=2&numMateria=1&codMateria=4. Acesso em: 12 ago. 2021.

BRASIL. Tribunal Regional do Trabalho (3ª Região). Rômulo Valentini: Já está em desenvolvimento máquina capaz de elaborar sentenças e votos. 09 fev. 2018. Disponível em: https://portal.trt3.jus.br/internet/conheca-o-trt/comunicacao/noticias-juridicas/romulo-valentim-ja-esta-em-desenvolvimento-sistema-que-preparara-pre-minutas-de-decisoes-judiciais. Acesso em: 04 ago. 2021.

BRASIL. Tribunal Regional Federal (3ª Região). TRF3 começa a utilizar inteligência artificial em gabinetes. 07 jul. 2020. Disponível em: http://web.trf3.jus.br/noticias/Noticias/Noticia/ExibirNoticia/396711-trf3-comeca-a-utilizar-inteligencia-artificial-em. Acesso em: 04 ago. 2021.

BRAVO, Álvaro Avelino Sánchez. Marco Europeo para una inteligencia artificial basada en las personas. *International Journal of Digital Law*, Belo Horizonte, a. 1, n. 1, p. 65-78, jan./abr. 2020.

BRESSER-PEREIRA, L. C. Reforma da nova gestão pública: agora na agenda da América Latina, no entanto... *Revista do Serviço Público*, ano 53, n. 1, jan./mar. 2002.

CALDAS, Filipe Reis. Revolução tecnológica: a inteligência artificial como sujeito passivo tributário 2.0. *Boletim de Orçamento e Finanças*, Curitiba, v. 15, n. 165, p. 29-31, jan. 2019.

CALDEIRA, Felipe Machado Caldeira. Considerações sobre a função do juiz leigo e a Lei (estadual) 4.578/05: contribuições para a aceleração do processo. *Revista da EMERJ*, v. 11, nº 42, 2008.

CAMBI, Eduardo Augusto Salomão; MUNARO, Marcos Vinícius Tombini. Dever de fundamentação das decisões judiciais (exegese do artigo 489, §1º, do Código de Processo Civil de 2015). *Revista Eletrônica de Direito Processual*, v. 20, n. 2, 2019. p. 152-153.

CANOTILHO, José Joaquim Gomes. *Direito Constitucional e Teoria da Constituição*. 7. ed. Almedina: Coimbra, 2011.

CARVALHO, Maximiliano Pereira de. O princípio da automatização do processo eletrônico como catalisador da observância aos precedentes do TST. *R. Fórum Trabalhista – RFT*, Belo Horizonte, a. 6, n. 24, p. 97-108, jan./mar. 2017.

CASTRO JÚNIOR, Antônio Pires de; CALIXTO, Wesley Pacheco; CASTRO, Cláudio Henrique Araújo de. Aplicação da inteligência artificial na identificação de conexões pelo fato e tese jurídica nas petições iniciais e integração com o sistema de processo eletrônico. *Revista Eletrônica CNJ*, Brasília, v. 4, n. 1, p. 9-18, jan./jul. 2020.

CELLA, José Renato Gaziero. Positivismo jurídico no século XIX: relações entre direito e moral do ancien régime à modernidade. *Anais*... XIX Encontro Nacional do CONPEDI realizado em Fortaleza – CE nos dias 09, 10, 11 e 12 de Junho de 2010. p. 5480-5501. p. 5480.

COPPIN, Ben. *Inteligência artificial*. Tradução e revisão técnica de Jorge Duarte Pires Valério. Rio de Janeiro: LTC, 2013.

COSTANZA, Robert; PATTEN, Bernard C. Defining and predicting sustainability. *Ecological Economics*, v. 15, Issue 3, 1995, p. 193-196.

CRETELLA JÚNIOR, José. O mérito do ato administrativo. *Revista de Direito Administrativo*, Rio de Janeiro, v. 79, p. 23-37, jun. 1965. ISSN 2238-5177. Disponível em: http://bibliotecadigital.fgv.br/ojs/index.php/rda/article/view/26727/25595. Acesso em: 09 ago. 2021.

DEEP Blue. *IBM 100*. Disponível em: http://www.ibm.com/ibm/history/ibm100/us/en/icons/deepblue. Acesso em: 09 ago. 2021.

DESORDI, Danubia; BONA, Carla Della. Inteligência artificial e a eficiência na Administração. *Revista de Direito UFV*, Viçosa, v. 12, n. 02, 2020.

DEZAN, Sandro Lúcio. Desafios à transparência, à publicidade e à motivação da decisão jurídica assistida por sistemas de Inteligência Artificial no Processo Administrativo Valorativo. *In*: PINTO, H. A; GUEDES, J. C.; CERQUEIRA, J. P. (Coord.). *Inteligência artificial aplicada ao processo de tomada de decisões*. Belo Horizonte: D'Plácido, 2021. p. 513-538.

DI PIETRO, Maria Sylvia Zanella. *Discricionariedade administrativa na Constituição de 1988*. 3. ed. São Paulo: Atlas, 2012.

DI PIETRO, Maria Sylvia Zanella. *Direito Administrativo*. 30. ed. Rev., atual. e ampl. Rio de Janeiro: Forense, 2017.

DINIZ, Eduardo Henrique et al. O governo eletrônico no Brasil: perspectiva histórica a partir de um modelo estruturado de análise. *RAP*, Rio de janeiro, v. 43, n. 1, p. 23-48, jan./fev. 2009.

DIVINO, Sthéfano Bruno Santos. Responsabilidade penal de inteligência artificial: uma análise sob a ótica do naturalismo biológico de John Searle. *Revista Brasileira de Ciências Criminais: RBCCrim*, São Paulo, v. 28, n. 171, p. 153-183, set. 2020.

DIVINO, Sthéfano Bruno Santos. Artificial intelligence, Law and the 2030 Agenda for sustainable development. *Revista Direitos Sociais e Políticas Públicas*, Bebedouro, SP, v. 9, n. 1, p. 671-711, jan./abr. 2021.

ENCYCLOPÆDIA BRITANNICA. Robô. *Brittanica Escola*. Disponível em: https://escola.britannica.com.br/artigo/rob%C3%B4/482381. Acesso em: 14 fev. 2021.

ENGELMANN, Wilson; WILLIG, Júnior Roberto. Riscos da inovação: a busca de parâmetros éticos no direito da inovação brasileiro. *Int. Públ. – IP*, Belo Horizonte, ano 19, n. 106 p. 183-209, nov./dez. 2017.

FACELLI, K; LORENA, A. C.; GAMA, J.; CARVALHO, A. *Inteligência artificial*: uma abordagem do aprendizado de máquina. Rio de Janeiro: LTC, 2011.

FACHIN, Melina Girardi; SCHNIMANN, Caio Cesar Bueno. Decisões estruturantes na jurisdição constitucional brasileira: critérios processuais da tutela jurisdicional de direitos prestacionais. *Revista Estudos Institucionais*, v. 4, n. 1, 2018.

FAGUNDES, Miguel Seabra. *O controle dos atos administrativos pelo poder judiciário*. São Paulo: Saraiva, 1984.

FARIAS, C. C. de; ROSENVALD, N.; BRAGA NETTO, F. P. *Curso de direito civil*: responsabilidade civil. Salvador: JusPodivm, 2014. v. 3.

FARIAS, Victor. Metade dos tribunais brasileiros já recorre à inteligência artificial para agilizar processos, aponta pesquisa. *O Globo*, Brasília, 26 jun. 2020. Política Disponível em: https://oglobo.globo.com/brasil/metade-dos-tribunais-brasileiros-ja-recorre-inteligencia-artificial-para-agilizar-processos-aponta-pesquisa-1-24502062. Acesso em: 26 nov. 2020.

FELDMANN, Paulo. Seu emprego vai para um robô. *Arquivos do Instituto Brasileiro de Direito Social Cesarino Junior*, São Paulo, v. 43, p. 9-19, 2019.

FERNANDES, Gilberto L. Direito e Ciência de dados: tendências e impactos da Quarta Revolução Industrial. *In*: PINTO, H. A; GUEDES, J. C.; CERQUEIRA, J. P. (Coord.) *Inteligência artificial aplicada ao processo de tomada de decisões*. Belo Horizonte: D'Plácido, 2021. p. 247-280.

FERNANDES, Jorge Ulisses Jacoby. Controle da Administração Pública com instrumentos de TI. *Fórum de Contratação e Gestão Pública – FCGP*, Belo Horizonte, a. 16, n. 191, p. 36-39, nov. 2017.

FERRAZ JÚNIOR, Tercio Sampaio; MARANHÃO, Juliano Souza de Albuquerque. Função pragmática da justiça na hermenêutica jurídica: lógica do ou no direito? *Revista do Instituto de Hermenêutica Jurídica – RIHJ*, Belo Horizonte, a. 1, n. 5, jan./dez. 2007.

FERREIRA, A. J. Profiling e algoritmos autónomos: um verdadeiro direito de não sujeição? *In:* COUTINHO, F. P.; MONIZ, G. C. (Coord.). *Anuário da proteção de dados.* Lisboa: Cedis, 2018. p. 35-43.

FERREIRA, Daniel. *A licitação pública no Brasil e sua nova finalidade legal:* a promoção do desenvolvimento nacional sustentável. Belo Horizonte: Fórum, 2012.

FERREIRA, Daniel. O papel do Estado e da Administração Pública em relação às liberdades fundamentais na sociedade global, tecnológica e de risco: possibilidades, limites e controle. *In:* GOMES, Carla; NEVES, Ana; BITENCOURT NETO, Eurico (Coord.). *A prevenção da corrupção e outros desafios à boa governação da Administração Pública.* Lisboa: Instituto de Ciências Jurídico-Políticas, 2018.

FERREIRA, Daniel. O princípio da eficiência, para além da retórica. FERREIRA, Daniel (Org.). *Jurisdição, processo e direito na contemporaneidade.* Curitiba: InterSaberes, Madrid: Marcial Pons, 2020.

FERREIRA, Lola. Decisão de juíza no PR é reflexo de racismo no Judiciário, avaliam juristas. *UOL Notícias.* Rio de Janeiro, 13 ago. 2020, Cotidiano. Disponível em: https://noticias.uol.com.br/cotidiano/ultimas-noticias/2020/08/13/decisao-de-juiza-no-pr-e-reflexo-de-racismo-no-judiciario-avaliam-juristas.htm/. Acesso em: 03 ago. 2021.

FERRER, Gabriel Real; CRUZ, Paulo Márcio. Direito, sustentabilidade e a premissa tecnológica como ampliação de seus fundamentos. *Int. Públ. – IP*, Belo Horizonte, a. 17, n. 94, p. 27-54, nov./dez. 2015.

FIGUEIREDO, Carla Regina Bortolaz de; CABRAL, Flávio Garcia. Inteligência artificial: machine learning na Administração Pública. *International Journal of Digital Law*, Belo Horizonte, a. 1, n. 1, p. 79-95, jan./abr. 2020.

FILGUEIRAS JÚNIOR, Marcus Vinícius. *Conceitos jurídicos indeterminados e discricionariedade administrativa.* Rio de Janeiro: Lumen Juris, 2007.

FIORILLO, Celso Antonio Pacheco. Management of artificial intelligence in Brazil in the face of the constitutional legal treaty of the digital environment. *RJLB*, Ano 5 (2019), n. 6, p. 329-350.

FORTINI, Cristiana; MOTTA, Fabrício. Corrupção nas licitações e contratações públicas: sinais de alerta segundo a Transparência Internacional. *A&C – R. de Dir. Administrativo & Constitucional*, Belo Horizonte, ano 16, n. 64, p. 93-113, abr./jun. 2016.

FORTINI, C.; PEREIRA, M. F. P. C.; CAMARÃO, T. M. C. *Processo Administrativo:* comentários à Lei nº 9.784/1999. 3. ed. Belo Horizonte: Fórum, 2012.

FÓRUM ECONÔMICO MUNDIAL. *Deep Shift – Technology Tipping Points and Social Impact.* Survey Report, Global Agenda Council on the Future of Software and Society, nov. 2015.

FRANÇA, Vladimir da Rocha França. *Estrutura e motivação do ato administrativo.* São Paulo: Malheiros, 2007.

FRANÇA, Vladimir da Rocha. Princípio da legalidade administrativa e competência regulatória no regime jurídico-administrativo brasileiro. *Revista de Informação Legislativa*, Brasília, Senado Federal, v. 51, n. 202, abr./jun. 2014.

FRANÇA JÚNIOR, Francisco de Assis de; SANTOS, Bruno Cavalcante Leitão; NASCIMENTO, Felipe Costa Laurindo do. Aspectos críticos da expansão das possibilidades de recursos tecnológicos na investigação criminal: a inteligência artificial no âmbito do sistema de controle e de punição. *Revista Brasileira de Direito Processual Penal*, Porto Alegre, v. 6, n. 1, p. 211-246, jan./abr. 2020.

FREITAS, Juarez. *Discricionariedade administrativa e o direito fundamental à boa administração pública*. 2. ed. São Paulo: Malheiros, 2009.

FREITAS, Juarez. *O controle dos atos administrativos e os princípios fundamentais*. 5. ed. São Paulo: Malheiros, 2013.

FREITAS, Juarez. *Sustentabilidade:* direito ao futuro. 3. ed. Belo Horizonte: Fórum, 2016.

FREITAS, Juarez. Direito Administrativo e inteligência artificial. *Interesse Público – IP*, Belo Horizonte, ano 21, n. 114, mar./abr. 2019.

FREITAS, Juarez; FREITAS, Thomas Bellini. *Direito e inteligência artificial:* em defesa do humano. Belo Horizonte: Fórum, 2020.

GALLO APONTE, William Ivan; VALLE, Vivian Cristina Lima López; NATÁLY FÁCIO, Rafaella. La utilización de inteligencia artificial en la actividad regulatoria: una propuesta en favor del desarrollo nacional sostenible. *Veredas do Direito*, Belo Horizonte, v. 17, n. 39, p. 123-146, set./dez. 2020.

GAMA, Guilherme Calmon Nogueira da. As alterações constitucionais e os limites do poder de reforma. *Revista de Direito Administrativo*, Rio de Janeiro, v. 221, p. 189-237, jul./set. 2000.

GODOY, Daniel Polignano. *A fundamentação de decisões judiciais:* o art. 489 do Código de Processo Civil de 2015 e a exigência constitucional da fundamentação das decisões judiciais. Dissertação (Mestrado em Direito Processual Civil). Universidade Federal de Minas Gerais, Belo Horizonte, 2017.

GONÇALVES, C. R. *Responsabilidade civil*. 15. ed. São Paulo: Saraiva, 2014.

GONZÁLEZ SANMIGUEL, Nancy Nelly. El derecho protección y la regulación del uso de las nuevas tecnologías desde el derecho administrativo. *Revista Eletrônica do Curso de Direito da UFSM*, Santa Maria, v. 14, n. 1, p. 1-23, jan./abr. 2019.

GRECO, Luís. *Poder de julgar sem responsabilidade de julgador:* a impossibilidade jurídica do juiz-robô. São Paulo: Marcial Pons, 2020.

GUIMARÃES, Rodrigo Régnier Chemim. A inteligência artificial e a disputa por diferentes caminhos em sua utilização preditiva no processo penal. *Revista Brasileira de Direito Processual Penal*, Porto Alegre, v. 5, n. 3, p. 1555-1588, set./dez. 2019.

HANKE, Philip. *Algorithms and law:* a course on legal tech. Dr. Phillip Hanke, LL. M. Institute of Public Law, University of Bern, Spring term 2018. Disponível em http://www.philiphanke.com/uploads/1/3/9/8/13981004/course_outline_-_algorithms_and_law.pdf. Acesso em: 12 abr. 2021.

HOFFMANN RIEM, Wolfgang. Inteligência artificial como oportunidade para a regulação jurídica. *Direito Público*, Porto Alegre, v. 16, n. 90, p. 11-38, nov./dez. 2019.

INTELIGÊNCIA artificial vai agilizar a tramitação de processos no STF, *Supremo Tribunal Federal*, Brasília, 30 mai. 2018. Notícias STF. Disponível em: https://portal.stf.jus.br/noticias/verNoticiaDetalhe.asp?idConteudo=380038&ori=1. Acesso em: 07 set. 2020.

INAZAWA, Pedro et al. Projeto Victor: como o uso do aprendizado de máquina pode auxiliar a mais alta corte brasileira a aumentar a eficiência e a velocidade de avaliação judicial dos processos julgados. *Computação Brasil*: Revista da Sociedade Brasileira de Computação, [s. l.] v. 01, n. 39, p. 19-24, 2019. Disponível em: https://cic.unb.br/~teodecampos/ViP/inazawa_etal_compBrasil2019.pdf. Acesso em: 12 abr. 2021.

ISHIKAWA, Lauro; ALENCAR, Alisson Carvalho de. Compliance inteligente: o uso da inteligência artificial na integridade das contratações públicas. *Revista de Informação Legislativa*: RIL, Brasília, DF, v. 57, n. 225, p. 83-98, jan./mar. 2020.

JOBIM, Marco Félix. Processos estruturais, inteligência artificial e fase decisória: (in) compatibilidade? *In*: PINTO, H. A; GUEDES, J. C.; CERQUEIRA, J. P. (Coord.) *Inteligência artificial aplicada ao processo de tomada de decisões*. Belo Horizonte: D'Plácido, 2021. p. 311-328.

JOBIM, Marcos Félix Jobim. Tribunais superiores e juízes inferiores: reflexões sobre o Judiciário, precedentes vinculantes e fundamentação das decisões judiciais. *R. Bras. Dir. Proc. – RBDPro*, Belo Horizonte, ano 25, n. 98, p. 143-154, abr./jun. 2017.

JORDÃO, Eduardo. Art. 22 da LINDB: Acabou o romance: reforço do pragmatismo no direito público brasileiro. *Revista de Direito Administrativo*, [s. l.], p. 63–92, 2018. DOI: 10.12660/rda.v0.2018.77650. Disponível em: https://bibliotecadigital.fgv.br/ojs/index.php/rda/article/view/77650.. Acesso em: 20 Jan. 2019.

JUSTEN FILHO, Marçal. Art. 20 da LINDB: Dever de transparência, concretude e proporcionalidade nas decisões públicas. *Rev. Direito Adm.*, Edição Especial: Direito Público na Lei de Introdução às Normas de Direito Brasileiro – LINDB (Lei nº 13.655/2018), Rio de Janeiro, p. 13-41, nov. 2018.

KREUZ, Letícia Regina Camargo; VIANA, Ana Cristina Aguilar. 4ª Revolução Industrial e Governo Digital: Exame de Experiências Implementadas no Brasil. *Revista Eurolatinoamericana de Derecho Administrativo*, Santa Fe, vol. 5, n. 2, p. 267-286, jul./dic., 2018.

LANNA, Antônio Bahury. Os impactos socio-econômicos da inteligência artificial. *Contextura*, Belo Horizonte, n. 12, jun. 2018, p. 21-30.

LIMA, Cíntia Rosa Pereira de; PEROLI, Kelvin. *Direito digital*: compliance, regulação e governança. São Paulo: Quartier Latin, 2019.

LOPES, I. L.; OLIVEIRA, F. A.; PINHEIRO, C.A.M. *Inteligência Artificial*. Rio de Janeiro: Elsevier, 2014.

LOPES, Marco Antonio. *Aplicação de aprendizado de máquina na detecção de fraudes públicas*. 2019. Dissertação (Mestrado em Administração) – Faculdade de Economia, Administração e Contabilidade, Universidade de São Paulo, São Paulo, 2019. doi:10.11606/D.12.2020.tde-10022020-174317. Acesso em: 11 ago. 2021.

MAGALHÃES, Diego de Castilho Suckow; VIEIRA, Ana Lucia. Direito, tecnologia e disrupção. *Revista Eletrônica CNJ*, Brasília, v. 4, n. 1, p. 37-51, jan./jul. 2020.

MAIA NETO, João Carlos. Escola da Exegese. *Revista Jurídica da Faculdade 7 de setembro*, vol. 3, n. 1, abr. 2006.

MARQUES NETO, Floriano de Azevedo. Art. 23 da LINDB: O equilíbrio entre mudança e previsibilidade na hermenêutica jurídica. *Revista de Direito Administrativo*, Rio de Janeiro, p. 93-112, nov. 2018. Disponível em: http://bibliotecadigital.fgv.br/ojs/index.php/rda/article/view/77651/74314. Acesso em: 21 Jan. 2019.

MARQUEZ DIAZ, Jairo. Inteligencia artificial y Big Data como soluciones frente a la COVID-19. *Rev. Bioética y Derecho*, Barcelona, n. 50, p. 315-331, out. 2020.

MARRARA, Thiago. Direito administrativo e novas tecnologias. *RDA – Revista de Direito Administrativo*, Rio de Janeiro, v. 256, p. 225-51, jan./abr. 2011.

MARRARA, Thiago; GASIOLA, Gustavo Gil. Regulação de novas tecnologias e novas tecnologias na regulação. *International Journal of Digital Law*, Belo Horizonte, a. 1, n. 2, p. 117-144, mai./ago. 2020.

MARTINS, A. S. O. R; REIS, J. P. A; ANDRADE, L. S. Novo humanismo, justiça cidadã, administração pública gerencial, poder judiciário e inteligência artificial: uma análise sobre o uso da computação cognitiva pelo poder judiciário brasileiro e os seus reflexos nas funções administrativa e jurisdicional à luz do Projeto Victor. *VirtuaJus*, Belo Horizonte, v.5, n. 8, p. 61-83, 1º sem. 2020.

MCCARTHY, J.; MINSKY, M. L.; ROCHESTER, N.; SHANNON, C. E. A Proposal for the Dartmouth Summer Research Project on Artificial Intelligence, August 31, 1955. *AI Magazine*, [s. l.], v. 27, n. 4, p. 12, 2006. DOI: 10.1609/aimag.v27i4.1904. Disponível em: https://ojs.aaai.org/index.php/aimagazine/article/view/1904. Acesso em: 12 abr. 2021.

MEDAUAR, Odete. *Controle da Administração Pública*. 3. ed. São Paulo: Revista dos Tribunais, 2014.

MEDINA, José Miguel Garcia; MARTINS, João Paulo Nery dos Passos. A era da inteligência artificial: as máquinas poderão tomar decisões judiciais? *Revista dos Tribunais*, v. 1020, out., 2020.

MEIRELLES, Hely Lopes. *Direito administrativo brasileiro*. 42. ed. São Paulo: Malheiros, 2016.

MENDES, G. F.; GONET BRANCO, P. G. *Curso de direito constitucional*. 4. ed. rev. e atual. São Paulo: Saraiva, 2009.

MENDONÇA, José Vicente Santos de. Direito administrativo e inovação: limites e possiblidades. *A&C – R. de Dir. Adm. Const.*, Belo Horizonte, a. 17, n. 69, p. 169-189, jul./set. 2017.

MENDONÇA, José Vicente Santos de. Art. 21 da LINDB – Indicando consequências e regularizando atos e negócios. *Revista de Direito Administrativo*, Edição Especial – Direito Público na Lei de Introdução às Normas de Direito Brasileiro – LINDB (Lei nº 13.655/2018) [s. l.], p. 43-61, 2018. DOI: 10.12660/rda.v0.2018.77649. Disponível em: https://bibliotecadigital.fgv.br/ojs/index.php/rda/article/view/77649. Acesso em: 12 abr. 2021.

MINISTÉRIO DA CIÊNCIA, TECNOLOGIA E INOVAÇÕES. *Gov.br*: Governo Federal Acompanhe o MCTI. Disponível em: https://www.gov.br/mcti/pt-br/acompanhe-o-mcti/transformacaodigital/inteligencia-artificial. Acesso em: 14 abr. 2021.

MOREIRA, Egon Bockmann; PEREIRA, Paula Pessoa. Art. 30 da LINDB: O dever público de incrementar a segurança jurídica. *Rev. Direito Adm.*, Edição Especial: Direito Público na Lei de Introdução às Normas de Direito Brasileiro – LINDB (Lei nº 13.655/2018), Rio de Janeiro, p. 243-274, nov. 2018. Disponível em: http://bibliotecadigital.fgv.br/ojs/index.php/rda/article/view/77657/74320. Acesso em: 21 jan. 2019.

MOREIRA NETO, Diogo de Figueiredo. *Legitimidade e discricionariedade:* novas reflexões sobre os limites e controle da discricionariedade. 2. ed. Rio de Janeiro: Forense, 1991.

MOTTA, Fabrício. Inteligência artificial e agilidade nas licitações públicas. *Consultor Jurídico*, [s. l.] 29 ago. 2019, Interesse Público. Disponível em: https://www.conjur.com.br/2019-ago-29/inteligencia-artificial-agilidade-licitacoes-publicas#_ftn1. Acesso em: 07 set. 2020.

MULHOLLAND, C. Responsabilidade civil e processos decisórios autônomos em sistemas de inteligência artificial (IA): autonomia, imputabilidade e responsabilidade. *In*: FRAZÃO, A.; MULHOLLAND, C. (Coord.). *Inteligência artificial e direito*: ética, regulação e responsabilidade. São Paulo: Revista dos Tribunais, 2019.

MYERS, Marcus Cayce. E-discovery and public relations practice: how digital communication affects litigation. *Public Relations Journal*, v. 11, issue 1 (June 2017) Institute for Public Relations. Virginia Tech. Disponível em: https://www.researchgate.net/publication/317850617_E-Discovery_and_Public_Relations_Practice_How_Digital_Communication_Affects_Litigation. Acesso em: 15 mai. 2021.

NEGRI, Sergio Marcos Carvalho Avila. Robôs como pessoas: a personalidade eletrônica na robótica e na Inteligência Artificial. *Pensar-Revista de Ciências Jurídicas*, v. 25, n. 3, 2020.

NETTO, Irinêo. TRT-PR cria robô capaz de economizar milhares de horas de trabalho humano. *Justiça do Trabalho – TRT da 9ª Região (PR)*, [s. l.], 01 fev. 2021. Notícias. Disponível em: https://www.trt9.jus.br/portal/noticias.xhtml?id=7055109. Acesso em: 15 mai. 2021.

NEVES, Leandro. O que é NLP: guia sobre o processamento de linguagem natural. *Weni*, [s. l.], 24 ago. 2018. Disponível em: https://weni.ai/blog/processamento-de-linguagem-natural-o-que-e/. Acesso em: 01 ago. 2021.

NOHARA, Irene Patrícia. *Processo administrativo:* Lei nº 9.784/1999 comentada. São Paulo: Atlas, 2009.

PARISER, Eli. *O filtro invisível:* o que a internet está escondendo de você. Rio de Janeiro: Zahar, 2012.

PEIXOTO, Fabiano Hartmann; SILVA, Roberta Zumblick Martins da. *Inteligência artificial e direito*. Curitiba: Alteridade, 2019.

PEREIRA, Paula Pessoa. Art. 30 da LINDB: O dever público de incrementar a segurança jurídica. *Rev. Direito Adm.*, Rio de Janeiro, Edição Especial: Direito Público na Lei de Introdução às Normas de Direito Brasileiro – LINDB (Lei nº 13.655/2018), p. 243-274, nov. 2018.

PERMANA, Putu Adi Guna. *Scrum Method Implementation in a Software Development Project Management*. Bradford, UK: (IJACSA) Internacional Journal of Advanced Computer Science and Applications, v. 6, n. 9, 2015, p. 1985-204.

PIAIA, T. C.; COSTA, B. S.; WILLERS, M. M. Quarta Revolução Industrial e a Proteção do Indivíduo na Sociedade Digital: Desafios para o Direito. *Revistu Paradigma*, Ribeirão Preto, SP, a. XXIV, v. 28, n. 1, p. 122-140, jan./abr. 2019.

PIRES, Luis Manuel Fonseca. *Controle judicial da discricionariedade:* dos conceitos jurídicos indeterminados às políticas públicas. Rio de Janeiro: Elsevier, 2009.

PIRES, Teresinha Inês Teles. Teorias da argumentação jurídica e a prática discursiva do supremo tribunal federal: metodologias analíticas e estudo de casos (AC 4.070/DF E ADI 5526/DF). *Rev. direitos fundam. democ.*, v. 24, n. 2, p. 102-127, mai./ago. 2019.

PIRES, Thatiane Cristina Fontão; SILVA, Rafael Peteffi da. A responsabilidade civil pelos atos autônomos da inteligência artificial: notas iniciais sobre a resolução do Parlamento Europeu. *Direito Mundo Digital*, v. 7, n. 3, dez. 2017.

POLIDO, Fabrício Bertini Pasquot. Novas perspectivas para regulação da Inteligência Artificial: diálogos entre as políticas domésticas e os processos legais transnacionais. *In:* MULHOLLAND, Caitlin; FRAZÃO, Ana (Coord.). *Inteligência artificial e direito:* ética, regulação e responsabilidade. 2. Ed. São Paulo: Revista dos Tribunais, 2020. p. 175-204.

PONTE, João Pedro da. Tecnologias de informação e comunicação na formação de professores: que desafios? *Revista Iberoamericana de Educación*, n. 24 (2000), p. 63-90.

PREGOEIRO virtual ajudará no combate a fraudes em licitações. *Gov.br: Governo Federal.* 11 jun. 2019. Portal do Servidor. Disponível em: https://www.gov.br/servidor/pt-br/assuntos/noticias/2019/06/pregoeiro-virtual-ajudara-no-combate-a-fraudes-em-licitacoes. Acesso em: 11 ago. 2021.

REBOOT required: Artificial Intelligence system cannot be named as an inventor under U.S. Patent Law, USPTO says. *Jones Day.* Disponível em: https://www.jonesday.com/en/insights/2020/05/reboot-required-artificial-intelligence-system-cannot-be-named-as-an-inventor-under-us-patent-law-uspto-says. Acesso em 15 jan. 2021.

REYNA, Justo; GABARDO, Emerson; SANTOS, Fábio de Sousa. Electronic government, digital invisibility and fundamental social rights. *Revista Sequência*, Florianópolis, vol. 41, n. 85, p. 30-50, ago. 2020.

RIBEIRO, Leonardo Coelho. A instrumentalidade do direito administrativo e a regulação de novas tecnologias disruptivas. *R. de Dir. Público da Economia – RDPE*, Belo Horizonte, a. 14, n. 56, p. 181-204, out./dez. 2016

RODAS, Sérgio. Algoritmos e IA são usados para que robôs decidam pequenas causas. *Consultor Jurídico*, [s. l.], 27 out. 2019. Disponível em: https://www.conjur.com.br/2019-out-27/algoritmos-ia-sao-usados-robos-decidam-pequenas-causas. Acesso em: 01 ago. 2021.

RODRIGUES, Alex. Com uso de tecnologia, CGU evita prejuízos de R$812 milhões ao Estado. *Agência Brasil.* Brasília, 27 ago. 2019. Disponível em: https://agenciabrasil.ebc.com.br/geral/noticia/2019-08/com-uso-de-tecnologia-cgu-evita-prejuizos-de-r-800-milhoes-ao-estado. Acesso em: 27 ago. 2019.

RUARO, Regina Linden. Direito fundamental à privacidade: o sigilo bancário e a fiscalização da Receita Federal do Brasil. *Int. Públ. – IP*, Belo Horizonte, ano 17, n. 90, p. 103-125, mar./abr. 2015.

RUSSELL, Stuart; NORVIG, Peter. *Inteligência Artificial.* Trad.: Regina Célia Simille. Rio de Janeiro: LTC, 2021.

SAAVEDRA, Giovani Agostini et. al. Panorama do Compliance no Brasil: avanços e novidades. *In:* NOHARA,. Irene Patrícia; BASTOS, Flávio de Leão (Coord). *Governança, Compliance e Cidadania.* Pereira. São Paulo, 2018.

SAAVEDRA, Giovani Agostini; CRESPO, Liana Cunha. Compliance: origem e aspectos práticos. *In*: CRESPO, Marcelo Xavier de Freitas (Coord.). *Compliance no Direito Digital.* São Paulo: Thomson Reuters Brasil, 2020. p. 29-44.

SABOIA, Jéssica Ramos; SANTIAGO, Nestor Eduardo Araruna. Garantismo e ativismo judicial: uma análise da presunção do estado de inocência e da sua relativização pelo STF. *Revista de Direitos Fundamentais & Democracia*, Curitiba, v. 23, n. 2, p. 53-74, mai./ago. 2018.

SACHS, Ignacy. *Rumo à ecossocioeconomia:* teoria e prática do desenvolvimento. São Paulo: Cortez, 2007.

SANTOS, Edméa. Educação online para além da EAD: um fenômeno da cibercultura. X Congresso Internacional Galego-Português de Psicopedagogia. *Anais...* Braga: Universidade do Minho, 2009.

SCHIEFLER, Eduardo André Carvalho; CRISTÓVAM, José Sérgio da Silva; SOUSA, Thanderson Pereira de. Administração Pública digital e a problemática da desigualdade no acesso à tecnologia. *International Journal of Digital Law*, Belo Horizonte, a. 1, n. 2, p. 97-116, mai./ago. 2020.

SICHES, Luis Recaséns. *Nueva filosofia de la interpretación del derecho.* 2. ed. Editorial Porrua S. A.: México, 1973.

SCHWAB, Klaus. *A Quarta Revolução Industrial.* Trad.: Daniel Moreira Miranda. São Paulo: Edipro, 2016.

SILVA, Fabrício Machado da et al. *Inteligência Artificial.* Porto Alegre: SAGAH, 2019.

SILVA, Luís André Dutra e. Utilização de deep learning em ações de controle. *Revista do TCU*, Brasília, DF, v. 48, n. 135, p. 18-23, jan./abr. 2016.

STRECK, Lenio Luiz. *Verdade e consenso*: constituição hermenêutica e teorias discursivas. 4. ed. Saraiva: São Paulo, 2011.

STRECK, Lenio. *Dicionário de hermenêutica:* quarenta temas fundamentais da teoria do direito à luz da crítica hermenêutica do direito. São Paulo: A Casa, 2017.

TANGERINO, Davi de Paiva Costa. Compliance no Direito Penal de common law. *Revista de Estudos Criminais*, Porto Alegre, v. 18, n. 73, p. 77-104, 2019.

TEIXEIRA, A. J. O. Entre novas tecnologias e novas desigualdades: (im)possibilidade de implementação do ensino a distância nas escolas públicas brasileiras diante da crise sanitária (Covid-19). *In*: AQUINO, Ana et al (Org.). *Inovações em Ensino e Aprendizagem.* Rio de Janeiro: Pembroke Collins, 2020.

TEIXEIRA, A. J. O. Possíveis cedências do controle da administração no pós-pandemia. *Revista Controle – Doutrina e Artigos*, v. 19, n. 1, p. 423-444, 14 jan. 2021.

TEPEDINO, G.; SILVA, R. da G. Desafios da inteligência artificial em matéria de responsabilidade civil. *Revista Brasileira de Direito Civil*: RBDCivil, Belo Horizonte, v. 21, p. 61-86, jul./set. 2019.

TESHINER, José Maria; JOBIM, Marcos Félix Jobim. Tribunais superiores e juízes inferiores: reflexões sobre o Judiciário, precedentes vinculantes e fundamentação das decisões judiciais. *R. Bras. Dir. Proc. – RBDPro*, Belo Horizonte, a. 25, n. 98, p. 143-154, abr./jun. 2017.

TORRES, Heleno Taveira. Segurança Jurídica e Limites do Âmbito de Aplicação do Princípio da Proporcionalidade. *In*: MARQUES NETO, Floriano Azevedo *et al. Direito e Administração Pública:* Estudos em homenagem a Maria Sylvia Zanella Di Pietro. São Paulo: Atlas, 2013.

TURBAN, E.; FRENZEL, L. E. *Expert Systems and Applied Artificial Intelligence.* Prentice Hall College Div, 1992.

TURING, Alan. Computing machinery and intelligence. *Mind*, v. LXI, Issue 236, p. 433-446, 1950.

UNIÃO EUROPEIA. *Resolução do Parlamento Europeu, de 16 de fevereiro de 2017, com recomendações à Comissão de Direito Civil sobre Robótica (2015/2103(INL)).* 2017. Disponível em: http://www.europarl.europa.eu/sides/getDoc.do?pubRef=-//EP//TEXT+TA+P8-TA-2017-0051+0+DOC+XML+V0//em#BKMD-12. Acesso em: 01 ago. 2021.

UNIÃO EUROPEIA. Parlamento Europeu. European Parliament Resolution of 16 February 2017 with recommendations to the Commission on Civil Law Rules on Robotics. *Oficial Journal of European Union*, 2018.

UNIÓN EUROPEA. *Directrices Éticas para una IA fiable*. Disponível em: https://op.europa.eu/en/publication-detail/-/publication/d3988569-0434-11ea-8c1f-01aa75ed71a1/language-es/format-PDF/source-121796438. Acesso em: 01 ago. 2021.

VALENTE, Jonas. Órgãos públicos usam inteligência artificial para combater corrupção. *Agência Brasil*. Brasília. 03 ago. 2018. Disponível em: https://agenciabrasil.ebc.com.br/geral/noticia/2018-08/orgaos-publicos-usam-inteligencia-artificial-para-combater-corrupcao. Acesso em: 07 set. 2020.

VALIATI; Thiago Priess; MUNHOZ, Manoela Virmond. O impacto interpretativo da Lei nº 13.655/2018 na aplicação da Lei de Improbidade Administrativa: a confiança no agente público de boa-fé para inovar na Administração Pública. *R. Bras. de Dir. Público – RBDP*, Belo Horizonte, v. 16, n. 62, p. 1-284, jul./set., 2018.

VIANA, Ana Cristina Aguilar; KREUZ, Letícia Regina Camargo. Admirável mundo novo: a Administração Pública do século XXI e as tecnologias disruptivas. *Int. Públ. – IP*, Belo Horizonte, a. 20, n. 110, p. 51-68, jul./ago. 2018.

VIANA, Ana Cristina Aguilar. Digital transformation in public administration: from e-Government to digital government. *International Journal of Digital Law*, Belo Horizonte, a. 2, n. 1, p. 29-46, jan./abr. 2021.

VYAS, Kashyap. Deep Blue vs. Kasparov: the historic contest that sparked the AI revolution. *Interesting Engineering*, 8 ago. 2019. Disponível em: http://www.ibm.com/ibm/history/ibm100/us/en/icons/deepblue/. Acesso em: 12 mai. 2021.

WANG, Fei Yue. Where does AlphaGo go: from church-turing thesis to AlphaGo thesis and beyond. *IEEE/CAA Journal of Automatica Sinica*, v. 3, n. 2, p. 113-120, 2016.

ZANCANER, Weida. *Da convalidação e da invalidação dos atos administrativos*. 3. ed. São Paulo: Malheiros, 2008.

ZANITELLI, Leandro Martins. Proporcionalidade, comparabilidade e fórmula do peso. *Rev. direitos fundam. democ.*, v. 22, n. 1, p. 278-301, jan./abr. 2017.